Un día a la vez

Mis Devocionales

CLAUDIA
PINZÓN

Unilit

Sepa

Un día a la vez – Inspiraciones diarias
Claudia Pinzón

Publicado por Unilit
Medley, FL 33166

Edición: *Nancy Pineda*
Diseño interior y cubierta: *Lisi Mejias*
Arte gráficos/Cliparts: *Shutterstock**
(*ucla_pucla/ussr/Romash Kin/Mikhail/Martin Cerny/balaikin/letty17)
Fotografías: *Osvaldo González, Pixelium Inc.*

Producto 497011 • ISBN 0-7899-2248-7 • ISBN 978-0-7899-2248-9

Impreso en Colombia
Printed in Colombia

Categoría: Inspiración /Motivación /Devocional
Category: Inspiration /Motivation /Devotional

A mis amados oyentes:

¡Gracias por su apoyo y respaldo!

Los quiero,
Claudia

AGRADECIMIENTOS

Le doy gracias primero a Papito Dios que me regala día a día el entusiasmo, el deseo de servirle y de llegar a ustedes a través de la radio y ahora con este libro.

No obstante, en todo el proceso de escribirlo hubo muchas personas que me motivaron y estuvieron siempre a mi lado.

A mi esposo Edgar Ariza y a mis princesas Naty, Niki y Anne que pusieron todo de su parte para dejar a mami escribir después de largos días de trabajo.

A Norma Pinzón, mi hermana, y a su esposo el pastor Fernando García, por su amistad y consejos. Gracias a los pastores Edwin Lemuel Ortiz y Mauricio Quintana, de La Nueva FM, quienes siempre me han motivado a seguir adelante a pesar de las circunstancias de mi vida. Además, me han apoyado en cada idea que Dios pone en mi corazón, a ellos... ¡gracias!

También quiero agradecerle a todo el personal de Editorial Unilit que siempre me ha hecho sentir como en casa, encabezado por Luis y María Fernández.

Mis agradecimientos a Marie Tamayo, de Expolit, por su amistad y aporte a esta idea. Gracias a mi editora Nancy Pineda y a Lisi Mejías, del Departamento de Arte.

Y, por último, gracias a todos mis oyentes y amigos que, junto conmigo, disfrutamos las grandezas de Dios.

Estoy plenamente convencido de que hay personas que el Creador diseñó para comunicar. No me refiero a solo decir algo más o menos congruente con buena dicción, sino a esas personas que tienen algo que decir. Me refiero a quienes poseen la fascinante capacidad de contarnos el estado del tiempo o comentarnos una noticia que puede rayar en lo trivial y lograr que parezcan interesantes. Eso es algo que no puede aprenderse, viene con la persona o no está en sí.

Quizá por esa misma razón, en la puerta de una Universidad de España puede leerse: «Lo que natura no da, Salamanca no presta». Pasado en limpio: Si no traes ese llamado sagrado... no lograrás tenerlo solo con instrucción o estudios. Si a ese fantástico talento innato se le suma la unción del Señor, se transforma en un cóctel imprescindible para cualquier medio de comunicación.

Claudia Pinzón es una de esas personas dotadas con el increíble y singular don de la comunicación. Es indistinta la vía, ya sea en la radio, la televisión o la gráfica, Claudia logrará que sea imprescindible para nuestras vidas lo que nos está diciendo. Simplemente tiene ese «toque» que solemos buscar los comunicadores o los que amamos la predicación de la Palabra de Dios en todas sus formas posibles, siempre y cuando se enmarquen en la excelencia y el gusto exquisito.

Es imposible concebir un medio de comunicación de calidad sin que el subconsciente nos lleve de manera recurrente a pensar en alguien como Claudia, que es una comunicadora en su estado puro. En mi país, a un talento así lo llamamos: «Un animal de radio». Alguien que nació para comunicar, para expresarse, para llegar a lo más profundo del público.

Por esa misma razón, me alegré profundamente cuando supe que estaba escribiendo su ópera prima. En esencia, dentro una industria donde abundan los libros que no tienen nada nuevo que decir, esta obra surge como uno de esos manuales que terminan transformándose en una brújula sencilla, pero fundamental para una vida espiritual saludable.

Claudia conoce a la perfección los tiempos de la buena comunicación. Se sabe de memoria sus riscos. Conoce las cascadas y las zonas fértiles de la escritura y el arte de la oratoria. Por algo mantiene a la audiencia como público cautivo durante casi cuatro horas cada mañana desde una las estaciones radiales más escuchadas de la Florida.

Sin embargo, Claudia no es una recién llegada que emprende con audacia un terreno desconocido. Fue pionera de las comunicaciones en el sur de la Florida y formó parte por nada menos que once años del equipo estelar de Radio Caracol, logrando los primeros puestos en el *ranking* de emisoras.

Hablar de Claudia significa también no poder obviar su descomunal trabajo comunitario, que lejos de colocarla en el sitial inalcanzable que suelen transitar muchos conductores, la acerca a su gente y la humaniza hasta el punto de la empatía absoluta. Esa empatía que solo logran las personas que tienen un norte definido, un destino trazado mas allá de su indiscutible talento.

Durante el año 2008 tuve el inmenso honor que el Grupo Génesis (el *holding* donde Claudia conduce uno de los programas estelares) quisiera contar conmigo para formar parte de su equipo. Y debo reconocer que cada mañana que la oía leer un devocional que gentilmente cedió la gente de Editorial Vida, me preguntaba: «¿No sería bueno que Claudia escribiera su propio libro?». Lamento no habérselo dicho en su momento, ya que ahora a la distancia y a la vista de los hechos, solo parece un pensamiento obsecuente. Aun así, me alegro de haberlo considerado y comprobar que no estaba equivocado.

Recomiendo con todo mi corazón este libro y me siento honrado de escribir estas sencillas líneas, porque sé que no se trata de una recopilación de mensajes sin grabar que hace una secretaria. Ni tampoco se trata del clásico y oportunista libro de autoayuda, ni de un título más que solo engrosará el catálogo de una editorial. Esta es una obra escrita con el alma. Es uno de esos manuscritos que se escriben desde la cotidianeidad, tratando de buscar un oasis de tranquilidad en medio de un día ajetreado y una agenda que no da tregua.

Me imagino a Claudia, luego de un extenso día agotador que comenzó cerca de las cuatro de la mañana, acostando a sus tres princesas y sentándose frente a la computadora para escribir esta guía esencial para los que necesitan una palabra de aliento. Sin frases hechas y sin caer en lugares comunes, pero con la sencillez y la profundidad que tienen los que poseen «ese» toque divino para comunicar. Conociendo su talento, solo el sentido común nos predice que será el primero de otros tantos éxitos de librería.

Démosle la más cordial bienvenida a esta flamante obra escrita con el corazón y la providencia diaria del Señor.

Dante Gebel
Evangelista y autor

*Deléitate en el SEÑOR, y él te concederá
los deseos de tu corazón.*
Salmo 37:4

Tus triunfos están en Dios

El primer versículo que aprendí cuando conocí a Jesús fue: «Deléitate en el Señor». Como todo lo nuevo, me tomé un tiempo para entender lo profundas que eran estas palabras. Este ha sido un versículo que me ha seguido durante los últimos catorce años de mi vida.

Luego, un día entendí que deleitarme en el Señor era estar siempre en el gozo de Dios, feliz ante su presencia y sirviéndole a Él. Desde entonces, en mis oraciones ha estado presente que la clave es amar a mi Dios con todo el corazón, servirle con lo mejor que tengo, gozarme en su amor sin importar las situaciones por las que esté pasando y tener siempre la esperanza de que mi vida es para servirle y trabajar para Él. Así que ahora estoy segura de que eso me da una enorme recompensa. No sé cuándo ni cómo, pero Dios me concederá los deseos de mi corazón, ya que esa es la promesa de la segunda parte del versículo: «Y él te concederá los deseos de tu corazón».

Por eso quiero que hoy, cuando estaremos como familia llevando este libro cada día, tú puedas comprender y aplicarlo a tu vida.

Entrégale a Dios todo este nuevo día, este nuevo año. Entrégale tus sueños, tus preocupaciones, tus negocios, tu trabajo, tus relaciones, tu familia, tu economía, tu situación migratoria. En fin, entrégate por completo a Dios. Deja que Él sea el piloto de esa nave que es tu vida y preocúpate de sus negocios. Es decir, búscalo, ten momentos de oración, asiste a una iglesia en la que puedas seguir creciendo de manera espiritual y Él, a cambio, se ocupará de todas tus necesidades. Pondrá orden en tu vida y te bendecirá.

Notas: _____

_____

Confía en el SEÑOR de todo corazón, y no en tu propia inteligencia.
Reconócelo en todos tus caminos, y él allanará tus sendas.
Proverbios 3:5-6

Todos fallamos, pero Dios permanece

Muchas veces hemos confiado en personas por error y nos han defraudado porque nos han fallado. Quizá nos engañaran y por eso nos cueste mucho reconocer que debemos aprender a perdonar. Así que debemos entender que Dios es el único que no falla, que no nos dejará y que estará con nosotros por toda una eternidad.

Yo he ofendido y desilusionado a otros con mis actitudes, con mis reacciones. También he tenido que pasar por el trago amargo de perdonar de corazón a quien me ha fallado, a orar por esa persona que destruyó mi vida y mis ilusiones, por obediencia.

Durante varios años, fui madre soltera. Además, tuve que sufrir el abandono de los padres de mis hijas. De modo que enfrentar una vida sola con mis princesas me costó muchas lágrimas y mucho dolor. Sin embargo, los planes de Dios, que son perfectos, me permitieron perdonar de corazón.

¿Y tú? ¿Lo estás haciendo? ¿Hasta cuándo permitirás que tu vida sea amargada y triste? Confía en Dios y Él te sacará adelante porque esa es su promesa.

Notas: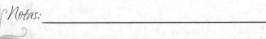

No temas, porque no serás avergonzada. No te turbes,
porque no serás humillada.
Isaías 54:4

Todo va a salir bien

No tuve la enorme dicha de conocer a Jesús desde pequeña y en mi juventud, gracias a Dios, tuve un hogar más o menos estable. Un hogar como muchos, con varios problemas entre mis padres y con el triste desenlace de un divorcio. Ver el dolor en mi madre, la desesperación de mi padre y uno como hijo amándolos a los dos es muy fuerte. Es posible que tú, como hijo, estés en medio de esa tormenta y enfrentes una sola verdad: ¿Con quién vivirás? ¿Con papá o mamá? El divorcio será algo que marcará para siempre la vida de todos los involucrados en la familia.

Lo que nunca pensé es que esa sería una herencia para mí. La experiencia de dos divorcios dejó en mi vida mucha soledad, frustraciones y arrepentimiento, sobre todo con mi Padre celestial. Hoy en día, con una vida restaurada por completo y con una clara visión de lo que es un pacto de fidelidad a Dios y a mis promesas, estoy felizmente casada y esta vez para toda la vida.

Si estás atravesando una separación o un divorcio, no temas. No eres la única persona. Solo permite que Dios sea tu guía, tu esperanza... y te levantarás otra vez.

Notas: _____

_____

_____

Cuando cruces las aguas, yo estaré contigo [...]
Yo soy el SEÑOR, tu Dios [...] tu salvador.
Isaías 43:2-3

En la tormenta hay crecimiento

Ayer te comentaba que un divorcio es algo que te marca para toda la vida y que solo el amor de Dios nos ayuda a superar la pérdida y comenzar una nueva vida.

No sé cuál sea tu tormenta, ni cuál sea tu problema, ni qué clase de dolor estás sintiendo con esa situación que estás viviendo y que parece interminable. Lo que sí te puedo asegurar es que si en medio de lo que estás viviendo comprendes que Dios está contigo y no te levantas en su contra, la salida a esa situación estará más cercana.

Las pruebas nos dan crecimiento espiritual, desarrollan cada vez más nuestra fe y nos acercan más a Dios. Así que, no te rindas. Recuerda que hay promesas para ti. Aunque ahora no entiendas el porqué Dios te está llevando por esta situación, sí puedes descansar pensando que después de la tormenta viene la calma.

Notas: _____
_____
_____

El Señor te guiará siempre [...] Serás como jardín bien regado,
como manantial cuyas aguas no se agotan.
Isaías 58:11

Piensa antes de actuar

Somos el resultado de las decisiones que tomamos. Después de todo lo que Dios me ha permitido vivir, observa el resultado. Hoy ustedes leen este libro, mi historia en pequeños fragmentos, donde conocen quién soy y mis experiencias: dos divorcios, madre soltera por varios años, una relación fuera del matrimonio con el resultado de una hija que es una bendición en mi vida, mi compañerita bella, y el paso por la mayor prueba de salud de mi vida donde estuve al borde de la muerte. Todas estas cosas me han dejado una enorme lección... somos el resultado de lo que decimos, pensamos, comemos y hacemos.

Somos absolutamente responsables de lo que hacemos con nuestra vida. Sin embargo, no se nos puede olvidar que en esas decisiones podemos llevar por delante a las personas que más queremos. Permitamos que Dios sea nuestro consejero, nuestro amigo, nuestra guía, a fin de que no vivamos arrepentidos de los que hicimos o lo que dejamos de hacer.

 Notas: _____

_____

*La mentalidad pecaminosa es muerte, mientras que la mentalidad
que proviene del Espíritu es vida y paz.*
Romanos 8:6

Tus pensamientos se volverán hechos

Muchas veces pensé y confesé cosas que se hicieron realidad en mi vida. Cosas buenas y cosas no tan buenas. Y esto lo podemos aplicar de dos maneras: pensamientos que agradan a Dios y que nos recuerdan sus promesas, o pensamientos que por lo contrario nos alejan de Él.

No todos los pensamientos vienen de Dios y no todas las cosas malas vienen del enemigo. No obstante, nosotros decidimos qué clase de pensamientos permitimos que vengan a nuestra mente.

A la mente la he comparado con una pista de un aeropuerto. Todo el día llegan pensamientos positivos y negativos. Entonces, ¿qué pensamientos dejamos que aterricen? ¡La decisión es nuestra!

Hacer el ejercicio de sustituir un pensamiento negativo por uno positivo te va a llevar a descartar con facilidad las cosas que te preocupan y que te roban la paz con mucha naturalidad.

Por eso dice el Manual de Instrucciones que debemos llevar cautivos todos nuestros pensamientos a la obediencia de Cristo.

Notas: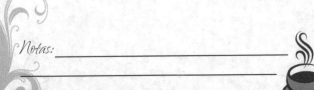

Señor, hazme conocer tus caminos [...] olvida los pecados y transgresiones que cometí en mi juventud. Acuérdate de mí según tu gran amor, porque tú, Señor, eres bueno.
Salmo 25: 4, 7

Siempre aprendemos del pasado

Cuando me pongo a pensar en mi vida antes de Cristo, reflexiono en lo mismo: *¡Qué lástima que no lo conocí antes! ¡De cuántas cosas me hubiera guardado!* Sobre todo, analizo mi juventud. A pesar de que fui una chica sana y de que nunca tuve experiencias con las drogas, Dios me guardó de no cometer muchas locuras. Sin embargo, fui muy inquieta en lo emocional y terminé casándome sin estar enamorada siquiera.

A los veintiún años, ya tenía entre mis brazos a mi primera princesa, Naty. Aunque fue una bendición, cambió mi vida por completo. Dejé muchas cosas de mi juventud sin concluir y estudios sin terminar. De una manera drástica, empecé una vida llena de responsabilidades. Todos estos ajustes coincidieron con mi llegada a los Estados Unidos con una bebé de cuatro meses, un país extraño y sin saber el idioma. Con todo, aprendí mucho y, lo más importante, maduré.

Quizá tú estás leyendo esta pequeña historia y recuerdas lo que vives hoy. Quiero que sepas que Dios te permite vivir cada experiencia para enseñarte muchas cosas y para que aprendamos a verlo en cada circunstancia de nuestra vida. Recuerda que Dios te ayuda en todo momento... ¡si tú se lo permites!

Notas: _____

_____

Aunque pase por el más oscuro de los valles, no temeré peligro
alguno, porque tú, Señor, estás conmigo.
Salmo 23:4, DHH

Dios es compañía

Ayer te hablaba de los momentos en que Dios nos permite pasar por valles de soledad y momentos de mucha tristeza y dolor. Sin embargo, eso no se queda así, pues aunque estemos atravesando los peores momentos, Dios siempre está a nuestro lado.

En medio de la enfermedad te promete ser tu médico de cabecera, tu sanador. Cuando tienes problemas legales, Dios te promete en su Palabra que «abogado tenemos para con el Padre» (1 Juan 2:1, RV-60) en el cielo. Cuando no tenemos trabajo ni dinero, nos recuerda que Él es nuestro proveedor y que, si se preocupa por las aves que están en el cielo y las flores, ¿cómo no se va a preocupar por sus hijos? Dios sabe cada una de nuestras necesidades, y aun antes de que le pidamos algo, ya conoce nuestros pensamientos.

Así que descansa en el Señor y entrégale toda tu preocupación. Dios, que es sobre todo tu Padre, te ayudará a seguir adelante y te pondrá en lugares que jamás pensaste alcanzar.

Notas: _____

_____

El SEÑOR tu Dios está en medio de ti [...] Se deleitará en ti con gozo, te renovará con su amor [...] como en los días de fiesta.
Sofonías 3:17-18

Reconcíliate con Dios

Como seres humanos, es muy común que cuando una relación no da resultado, ni nos llena, la dejamos. Rompemos con ella y tratamos de olvidarnos para siempre de esa persona que nos ofendió o nos abandonó.

Aun así, he escuchado a través de la vida en Cristo que muchas personas se pelean con Dios por diferentes razones. Quizá perdieran un ser querido y culparan a Dios. O porque tuvieron una petición especial y Dios no la concedió. O a lo mejor sufrieron una amarga experiencia en una iglesia o le falló un líder en el que depositaron toda la confianza. Entonces prefieren cortar toda relación con Dios.

¿Sabes? Es un atrevimiento enojarse con quien te dio la vida. Debemos entender que muchas de nuestras decisiones son las causantes de lo que vivimos. Debemos entender que a Dios le interesa nuestra felicidad y que no se goza con nuestro dolor y sufrimiento. Quizá muchas veces antes de tomar decisiones equivocadas Él nos alertara de varias maneras y no lo escuchamos. A pesar de eso, si fallamos, recuerda que Él no te falla. Él no es un Dios cambiante. Él permanece para siempre. Si estás enojado con Dios, hoy es el día de tu reconciliación con Él. Pídele perdón de todo corazón por haberle juzgado, por haberte alejado, y verás que Él, como un Dios Padre misericordioso, te recibe una vez más en sus brazos.

Notas: ______________________________

____

____

No se inquieten por nada; más bien, en toda ocasión, con oración
y ruego, presenten sus peticiones a Dios y denle gracias.
Filipenses 4:6

Tú haces tu día diferente

Por favor, no te levantes repitiendo un viejo refrán: «Estoy salado. ¡Hoy no es mi día!».

Hoy es el día que Dios hizo para ti y para mí. Lo hizo con tanto amor que Él dice en el Manual de Instrucciones que las misericordias de Dios «nuevas son cada mañana» (Lamentaciones 3:23, RV-60).

No todos los días son buenos ni son malos. Solo que cada uno es diferente y tiene sus propias preocupaciones. Sin embargo, tú eres el chef que le da la sazón. Tener problemas, preocupaciones, levantarte y ver el día nublado, no debe determinar tu felicidad. Esto parece fácil, pero no lo es cuando estamos en días difíciles.

En medio de mis pruebas aprendí a mantener el gozo. Así que un día llevé de mi mente al corazón lo que quizá has escuchado y repetido muchas veces: «El gozo del Señor es nuestra fortaleza» (Nehemías 8:10). O sea, que si a pesar de lo que estoy viviendo, entiendo y practico este principio, el resultado va a ser que mi día será mucho mejor y voy a poder sentirme feliz aunque esté pasando por un momento de preocupación.

Esta actitud es precisamente lo determinante ante la vida. Así que cambia los pensamientos negativos por pensamientos positivos y busca a Dios con todo el corazón. De ese modo, notaras la diferencia. Sentirás que ese día que parecía imposible de sobrevivir, fue uno liviano y hasta feliz.

Notas: _____

_____

_____

Por la mañana, SEÑOR, escuchas mi clamor; por la mañana te
presento mis ruegos, y quedo a la espera de tu respuesta.
Salmo 5:3

Aeróbicos para el espíritu

La adquisición de sabiduría es una bendición para nuestra vida. Todos los días en las noticias escuchamos la importancia de hacer ejercicios y que debemos caminar por lo menos media hora. Si a eso le sumamos una alimentación balanceada, tendremos una vida de buena calidad.

Lo mismo sucede con nuestra vida espiritual. Debemos ejercitarla mediante la oración, los momentos de intimidad con Dios y al congregarnos. Asimismo, la lectura del Manual de Instrucciones, que es la Biblia, nos da la seguridad de lo que Dios espera de nosotros y cómo debemos actuar ante diferentes situaciones que tengamos que vivir. Y para llegar a esto que llamamos «aeróbicos espirituales», nos hace falta disciplina. Esto es lo que sucede cuando decidimos ir al gimnasio o comenzar una nueva dieta. Todo comienzo es difícil.

Cuando empecé a leer la Biblia por mi cuenta, les confieso que muchas veces no entendía o no lo podía interpretar. Sin embargo, alguien me sugirió que leyera Proverbios, pues hay treinta y un capítulos, que son los días que por lo general trae un mes del año, y fue de mucha bendición. De igual manera orar y asistir a una iglesia te ayudarán a mantenerte conectado con Dios todo el tiempo y, créeme, tu vida será bendecida.

Notas: _____

_____

Dios es amor. El que permanece en amor,
permanece en Dios, y Dios en él.
1 Juan 4:16

El amor a Dios

Si no amamos a Dios, no podemos dar amor a los demás. ¡Este es otro principio bellísimo! Se trata de entender que nuestra labor más hermosa es amar a Dios con todo nuestro corazón y con todas nuestras fuerzas.

A mí no me gusta mucho escuchar cuando otra persona dice que está enamorada de Jesús. Esto se debe a que, al decir «enamorada», mi mente de inmediato lo relaciona con el amor a mi esposo. Aun así, se escucha con mucha frecuencia en canciones interpretadas por hombres y mujeres. Lo que rescato de esto es que amar a Dios me hace más sensible a las cosas espirituales. Amar a Dios me hace más misericordiosa para entender el dolor de un amigo. Amar a Dios me hace valorar todo lo que Él ha hecho por mí desde perdonar mis pecados, restaurar mi vida y darme una nueva oportunidad de ser feliz. Te puedo dar fe y testimonio de que amar a Dios, servirle a Él y renunciar a otros intereses me han dado más felicidad que cuando no le conocía. Cuando decidí trabajar en un medio cristiano de comunicación, muchos me tacharon de religiosa, fanática y hasta loca al dejar la fama y el dinero que representaba trabajar en una radio tan importante como lo es Radio Caracol en Miami y dedicarme por completo a servir a Dios. Hoy, diez años más tarde, he dado el mejor de los frutos. Dios ha recompensado cada minuto de mi trabajo, me ha respaldado, me ha usado para servir de ejemplo e inspiración para otros. Lo que es más lindo, me ha permitido trabajar en lo que me gusta y con el mejor jefe... Él.

Notas: _____

_____

El que atiende a la palabra, prospera.
¡Dichoso el que confía en el SEÑOR!
Proverbios 16:20

Recibe lo mejor de Dios

No comiences tu año pensando que eres un fracasado, que ya no hay nada que hacer. Siempre hay lago que hacer. Siempre Dios no da la oportunidad de levantarnos, cambiar y apoderarnos de las promesas que nos dejó Él. ¿Por qué no crees en ellas? ¿En serio piensas que esos beneficios son solo para algunos?

No es bueno que tengas problemas. Aun así, que no todo en la vida te haya salido como esperabas no quiere decir que no levantarás cabeza nunca más.

Antes debes creer en ti mismo y, con esa mentalidad, levantarte cada día a conquistar todo lo que esté a tu alcance.

No te rindas, ánimo, que aún no ha llegado lo mejor.

Recibe lo mejor de Dios en este día. Cambia tu actitud y verás cómo empiezan a suceder las cosas. Además, de un cielo gris pasas a un hermoso cielo azul, con algunas nubes quizá, pero bonito.

Notas: _____

_____

_____

¿Por qué voy a desanimarme? ¿Por qué voy a estar preocupado?
Mi esperanza he puesto en Dios.
Salmo 42:11, DHH

¿Por qué voy a desanimarme?

El desánimo, la tristeza, la frustración y la baja autoestima son aliados para hacernos infelices. Dios, en su Palabra, dice: «El gozo del Señor es nuestra fortaleza» (Nehemías 8:10). Si comprendemos esta frase, veremos que este consejo que nos dejó Dios lo hizo como un Padre que sabía que tendríamos dificultades y momentos de prueba. Entonces, si nos manteníamos con gozo, que significa estar en Él, creyendo que está de nuestro lado, que no nos abandona en las situaciones que se presentan, sino que en cambio nos da la fuerza, tendremos la sabiduría y el entendimiento para escuchar su voz y salir adelante triunfantes. Eso nos ayudará a ver y vivir la vida de otra manera.

Esto no quiere decir que no sea válido sentirse mal. Somos humanos, pero nuestra manera de pensar debe cambiar y acoplarse a la mentalidad de Dios que solo espera que tú y yo seamos felices. Es posible que en este mismo momento estés pasando la peor situación de tu vida. A lo mejor estás considerando si vale la pena seguir adelante. Por eso, Dios en este día te dice: «No pierdas la esperanza, no te desanimes, pues yo estoy contigo y te sacaré adelante. Así, podrás reconocer que yo soy tu Dios. Solo cree en mí».

Notas: _____

*Sabemos que Dios dispone todas las cosas
para el bien de quienes lo aman.*
Romanos 8:28

Él cambia nuestra tristeza

Parece irónico decir que de lo malo que nos pasa en la vida Dios, en algún momento, lo cambiará para bien. Creo que no hay algo que cause más dolor que los resbalones, las equivocaciones o, como decimos, «las metiditas de pata». Debemos entender que una mala decisión nos puede cambiar la vida. Sin embargo, Dios perdona un error y nos da una nueva oportunidad si nos arrepentimos de corazón, aunque no logremos escapar de las consecuencias de lo que hacemos en la vida, sea bueno o malo.

Algunos aprenden de los errores y cambian de manera radical. Ese no fue mi caso. Cometía un error tras otro y Dios me daba nuevas oportunidades, pero volvía a fallar. Hasta que un día, Él tuvo que cambiar mi camino para enderezar mi corazón. De una relación extramatrimonial quedé embarazada y pasé uno de los momentos más difíciles de mi vida. Tuve que enfrentarme a Dios, a mis princesas, a los pastores y reconocer mi error y vivir las consecuencias. Así que perdí mi trabajo, nos abandonó el padre de mi hija y se lastimó mi testimonio. Por eso, tuve que volver a empezar desde cero.

No obstante, en esta etapa aprendí a conocer a Dios de otra manera. En medio del dolor, no me abandonó y dejó en mis manos una hermosísima responsabilidad: Mi princesa Anacristina que llenó mi corazón de felicidad. Vi cómo de una mala situación pasé a ser la madre más feliz y orgullosa de sus hijas. De modo que al poco tiempo, Dios me devolvió absolutamente todo. Volví a la radio, pero convertida en una nueva mujer. Por favor, ¡aprendamos de los errores!

Notas: _____

_____

No juzguen, y no se les juzgará [...]
Perdonen, y se les perdonará.
Lucas 6:37

Vive tu vida... ¡y no critiques!

¿Has escuchado ese refrán que dice que «con la medida que midan a otros, se les medirá a ustedes»? Pues no es un dicho, sino una recomendación que encontramos en la Biblia (véase Mateo 7:2).

Si eres de los que te la pasas criticando a tu compañero de trabajo, juzgas todo lo que hace tu pareja, vives lleno de rencor y lo que menos piensas es en perdonar a los que te han ofendido, así sea a tus padres o a tus hijos, déjame decirte que estás muy lejos de agradar y tener complacido a Dios.

En su Palabra, Dios nos enseña exactamente lo contrario. Nos orienta que no debemos juzgar para que nadie nos juzgue a nosotros. Nos instruye que debemos perdonar hasta setenta veces siete... ¿Te imaginas?

¿Por qué no hacemos hoy este ejercicio? Hagamos una pequeña evaluación de cómo está nuestra vida en estas dos esferas: la crítica y la falta de perdón. Aunque no parecen muy importantes en el diario vivir, sí tienen un gran efecto en el ámbito espiritual.

Piensa en que si no cambias esa actitud, todo el mundo juzgará tus acciones. Serás el centro permanente de burla y de chisme. Te expondrás en todo lo que haces. Por otro lado, si no le pides a Dios que te ayude a tomar la decisión de perdonar, el día que falles, el día que te equivoques, no te van a perdonar. Recuerda que todo lo que sembramos eso mismo cosechamos. Si Dios que es Dios no nos critica y nos perdona sin merecerlo, ¿por qué no hacemos hoy ese pacto de cambiar?

Notas:

El fruto del Espíritu es amor, alegría, paz, paciencia, amabilidad,
bondad, fidelidad, humildad y dominio propio.
Gálatas 5:22-23

Lo dulce para el alma

¿Cómo te sientes cuando estás rodeado de personas negativas? ¿Donde el amor brilla pero por su ausencia? Es feo verdad. Uno de mis propósitos cada nuevo día es no unirme a personas negativas. El de luchar y hacer hasta lo imposible para no dejar contaminar mi corazón ni mi mente de las palabras y actitudes que tienen ciertas personas que nos rodean en nuestro trabajo, en la calle y aun en la iglesia. Que desean robarte tu paz y felicidad.

Si decimos tener una relación con Dios, ¿por qué dejamos que de nuestra boca solo salgan palabras negativas? ¿Por qué nuestra capacidad de comprensión a los demás es cada vez menor y por qué dejamos que el «orgullo» sea la imagen de nuestra vida?

Cuando recibimos a Jesús como nuestro único y verdadero Salvador, Dios espera que nosotros a través de conocerle, leer su Palabra y congregarnos en una iglesia, empecemos a dar los frutos de su Espíritu. Así que mira lo alejados que podemos estar de esto con nuestra manera de ser. A veces, con la forma en que nos proyectamos a los demás, somos nosotros mismos los que alejamos a nuestros amigos y familiares de Dios, pues lo que hablamos no coincide con lo que somos.

Pidámosle a Dios que podamos ser buenos representantes suyos en la tierra.

Notas: _____

_____

_____

Olvidando lo que queda atrás y esforzándome por alcanzar lo que está delante, sigo avanzando hacia la meta para ganar el premio que Dios ofrece mediante su llamamiento celestial en Cristo Jesús.
Filipenses 3:13-14

Deja el pasado y mira el futuro

Estamos comenzando un nuevo año y es tiempo de dejar atrás nuestros errores. Es tiempo de comenzar con nuevas actitudes. Dios te quiere feliz y desea que puedas alcanzar tus metas en este nuevo año. No se trata solo de dejar de fumar, comenzar una nueva dieta, ni iniciar una temporada en el gimnasio. Nuestras metas deben ir más allá de esto, aunque todo lo que mencioné antes es clave para un cambio. Esas propuestas para este año deben ir acordes a lo que Dios espera de nosotros.

He experimentado en mi andar con Cristo que lo mejor en la vida es hacer la voluntad de Dios. La obediencia trae bendición. Es una fórmula que no falla.

Cuando hacemos la voluntad de Dios, vemos que todo sale bien. Vemos un respaldo en cada plan que desarrollamos. Las puertas se abren y nos sorprendemos porque sabemos que Él va delante. Y algo muy especial... sentimos paz.

Si para este nuevo año aún no tienes metas o sigues pegado a las cosas del pasado que te restan felicidad, pídele en oración a Dios que te muestre su plan perfecto para ti. Y dile: «Señor, quiero hacer tu voluntad y no la mía. Ayúdame a comenzar una nueva vida.» Amén y amén.

Notas: _____

_____

Ante ti, Señor, están todos mis deseos;
no te son un secreto mis anhelos.
Salmo 38:9

Dios conoce tus sueños

Ayer aprendimos que con la ayuda de Dios podemos dejar atrás nuestro pasado y forjar nuevas metas. Así como en una sencilla oración puedes pedirle que te muestre su voluntad, Dios es especialista en hacer realidad los sueños más profundos de nuestro corazón.

Su Palabra dice que antes de que nosotros abramos nuestra boca para pedirle algo, Él ya conoce ese deseo (véase Mateo 6:8). Sin embargo, le gusta que seamos bien específicos en lo que queremos.

Muchas personas creen que, debido a que no han visto aún un sueño hecho realidad, ese sueño no es posible y lo descartan. Dios hoy quiere decirte que Él conoce tu corazón, quiere que tengas una relación personal con Él y que aprendas a entender que nuestro tiempo no es su tiempo y nuestros pensamientos no son sus pensamientos (véase Isaías 55:8).

Sin embargo, algo que siempre me dio mucha seguridad ante mis anhelos y deseos del corazón es que sabía que Dios tenía lo mejor para mí. Y muchas veces me dijo «no» a cosas que le pedí y hoy en día entiendo que fue su perfecta voluntad.

Somos como niños cuando le piden a mami un dulce. A veces, sabemos que le puede caer pesado y que no es el momento. Aun así, ese pequeñito no lo entiende, y cuando se le da después de tanta insistencia, al niño le da un dolor fuerte de estómago.

Dios primero que todo es Padre y sabe lo que es bueno para cada uno de sus hijos. Por lo tanto, pon tus sueños delante de Él y confía en su mejor respuesta.

Notas: _____

_____

_____

Honra a tu padre y a tu madre [...] para que te vaya bien
y disfrutes de una larga vida en la tierra.
Efesios 6:2-3

Honra a tus padres

Si quieres alargar tu vida, debes honrar a tus padres. Honrar es respetar. Es fascinante saber que es un mandamiento establecido por Dios y es el primero que tiene una promesa a su lado. En nuestras palabras es bien sencillo: Si respetamos, o sea, honramos a papá y mamá, Dios nos garantiza que tendremos una larga vida. Y es tan profunda esta enseñanza que, desde que la conocí, hago lo mejor de mi parte para darles a mis padres todo mi respeto, amor y atención, aunque no viven conmigo en Estados Unidos.

¿Cuándo fue la última vez que atendiste a tu padre? ¿Cuándo fue la última vez que tuviste un detalle con tu madre? Sé que a menudo el rencor y el resentimiento acompañan el corazón de los hijos, pues en muchos casos esos padres fueron abusadores y fuertes con ellos. Nunca les dieron amor. Es más, nunca les dijeron que los amaban y, en la actualidad, esos corazones están endurecidos por la falta de perdón.

Hoy es el día de honrar a papá y mamá, sin importar lo que sucediera en el pasado. Tu obligación es vivir un principio, y si necesitas perdonarlos hoy, hazlo. Llámalos, escríbeles una carta para decirles lo importante que son para ti, y esto tendrá un hermoso fruto. Te sentirás libre y entonces podrás ser obediente al mandato de Dios. Y si alguno partió con el Señor, exprésalo mediante una oración.

Notas: _____
_____
_____

Jesús dijo: *Vengan a mí todos ustedes que están cansados y agobiados, y yo les daré descanso.*
Mateo 11:28

Días difíciles

Sé que levantarse y encontrarse con un día lleno de situaciones, problemas familiares, quizá hasta problemas de dinero o la incertidumbre de estar un día más sin trabajo te puede frustrar y llevar a renegar y pelear contra Dios. Mi consejo es que no pelees contra Él. Como hijo de Dios, tienes todo el derecho de decirle cómo te sientes, pero no cuestionarlo y mucho menos maldecir tu vida.

Tal vez te parezca repetitivo, pero es cierto. Este es el día que Dios creó para ti, y algo que alegra el corazón de Dios es que a pesar de tu situación, de tu problema, puedas alegrarte y gozarte en el día que te levantas hoy. Recuerda que no eres el único. Todos tenemos días de angustia, pero no todos tenemos la misma actitud ante la adversidad. De modo que nuestra actitud y nuestra fe sí cambian por completo el panorama.

Descansa en Él y dile: «Señor, aunque no entiendo lo que estoy viviendo, quiero decirte que me alegraré y me gozaré este día. Y esperaré confiadamente en ti. Amén».

Notas: _____

_____

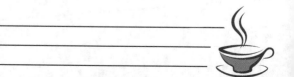

Porque yo sé muy bien los planes que tengo para ustedes [...]
a fin de darles un futuro y una esperanza.
Jeremías 29:11

Que nada te aleje del amor de Dios

Muchas veces nos hacemos grandes ilusiones ante la vida. ¿Te ha pasado que has soñado tanto tener o lograr algo que cuando lo obtienes no cumple tus expectativas? No te sientas mal, pues no eres el único. A menudo nos confiamos porque hacemos las cosas con nuestras propias fuerzas. Hemos tomado decisiones sin consultar y mucho menos hemos llevado nuestros planes delante de Dios.

Tal vez digas: «Bueno, ¿y por qué tengo que llevarlo todo ante Dios?». Porque es lo más inteligente que podemos hacer tú y yo. Te lo explico: Dios es nuestro Creador. Es el dueño de nuestra vida. Sabe todo acerca de nuestra vida presente y futura. Y dejó en su Palabra más de tres mil promesas para nosotros. El problema está en que muchos no creen que eso sea cierto. Sin embargo, los que hemos tenido una relación personal con Él, hemos comprobado que sí cumple sus promesas. Te daré algunas para que las analices:

- Prometió que aunque nuestro padre y nuestra madre nos abandonen, Él nunca nos dejará (véase Salmo 27:10).
- Prometió que nos fortalecerá y ayudará, y nos sostendrá con la diestra de su justicia (véase Salmo 48:10).

Toma hoy de tu tiempo y lee la Biblia. Allí encontrarás muchas promesas que te pertenecen y sentirás una cercanía a tu Padre «Dios».

Notas: _____

_____

_____

*Lleven una vida de amor, así como Cristo nos amó y se entregó
por nosotros como ofrenda y sacrificio fragante para Dios.*
Efesios 5:2

Necesitas que te amen

Desde que llegamos a este mundo, todos tenemos una gran necesidad de amor.

Las que hemos tenido el regalo precioso de ser madres, lo experimentamos desde el primer momento que nos ponen en nuestro pecho ese tierno bebé. Es tan indefenso, que no nos cansamos de mirarlo y ver cómo Dios lo creó tan perfecto. Alrededor de nueve meses esa personita se formó dentro de nosotras. Es un milagro de amor y de vida.

Desde el primer día de nacido, se crea un lazo perfecto de amor entre ese bebé y sus padres. Para papá es emocionante ver cómo su hijo responde ante el tono de su voz. Para nosotras, cuando ese pedacito de carne nos busca para que los alimentemos, es un momento muy íntimo y único. Todos necesitamos que nos amen y amar.

Cuando la vida nos pone en situaciones como el abuso de un padre en la niñez o el rechazo de un hijo después que has dado todo por él, tú y yo debemos recordar el mayor acto de amor que tuvo Dios por la humanidad: La entrega de su único Hijo para que muriera por nosotros y darnos vida eterna. Recuerda, Dios es amor y te ama de manera incondicional.

Mi consejo es que tomes la mejor decisión y perdones a los que te han ofendido e incluso te han abandonado. De ese modo, sentirás una gran libertad para amar y que te amen.

Notas: _____

_____

_____

Pon en manos del SEÑOR todas tus obras,
y tus proyectos se cumplirán.
Proverbios 16:3

Vuelve a empezar

Si escudriñamos el Manual de Instrucciones, nos encontraremos muchas historias en las que por diferentes circunstancias se llegó a un punto de perderlo todo y volver a empezar.

Ese fue el caso de Job, a quien Dios permitió que Satanás tocara y lastimara su vida y lo probara en todo. Después de tener muchas riquezas, familia, ganado, tierras y salud, Job quedó de un momento a otro en la más profunda pobreza, soledad y abandono. Hasta terminó rascándose con una teja. ¿Te imaginas?

¿Cuál sería nuestra actitud ante Dios si nos sucediera a nosotros? No obstante, lo determinante en la vida de este hombre es que supo aceptar la voluntad de Dios y no fue en su contra. Por eso Dios lo prosperó de nuevo y le dio dos veces más de lo que tenía. Después de esos sucesos, Job vivió ciento cuarenta años y disfrutó una larga vida.

Esta historia nos deja varias enseñanzas: Dios es un Dios de nuevos comienzos. Si has sido un fracasado, Dios te invita hoy a que te levantes y le creas. Te pide que le entregues tu corazón y toda tu vida en sus manos. Confiando en que Dios te sacará del lugar en el que estás y te pondrá otra vez en lugares de privilegio, ¿por qué no te das una nueva oportunidad?

Te invito a hacer esta corta, pero poderosa oración: «Señor Jesús, te pido perdón si te he juzgado. Te pido perdón por haberte cuestionado. Hoy quiero entregarte mi corazón y quiero que me des una nueva vida en Cristo Jesús. Amén y amén».

Notas: _____

_____

*No amemos de palabra ni de labios para afuera,
sino con hechos y de verdad.*
1 Juan 3:18

El amor verdadero se prueba

Hace una semana vi a través de mi princesa mayor, Naty, el sufrimiento por amor. Pasaba por su primera pena amorosa, una gran desilusión. Así que me dijo: «¿Por qué, mami? ¿Por qué tengo que sufrir? ¿Por qué perdí tanto tiempo creyendo en el amor de esa persona?». Me partía el corazón verla llorar a veces sin consuelo y me hizo recordar el versículo sobre el amor que Dios nos dejó en su Palabra: «El amor es sufrido» (1 Corintios 13:4, RV-60). Sin duda, todos hemos sufrido o sufriremos por amor. En ese momento mis palabras no traían consuelo a su corazón quebrantado, pero en medio de su dolor Dios me recordó varias cosas: El verdadero amor pasa por pruebas para ver su fortaleza. Me afirmó que Dios nos ama de manera incondicional y que nos cuida de tener más sufrimiento.

A veces nosotros creemos que estamos con la persona adecuada y nos aferramos a ella, aun sabiendo que ni la aprueban nuestros padres y mucho menos Dios.

Como Dios nos ama, nos permite ver cosas y nos muestra de alguna u otra manera que estamos equivocados. Sin embargo, nosotros, en nuestra terquedad, seguimos adelante. Así que cuando viene la desilusión, nos acordamos que nos lo habían advertido. Por eso el consejo a mi hija ahora en medio del dolor es: «Tienes que aferrarte más que nunca a Dios y esperar en Él. Dios sanará tus heridas y te mostrará el verdadero amor».

Notas: _____

_____

Anímense unos a otros con salmos, himnos y canciones espirituales.
Canten y alaben al Señor con el corazón, dando siempre
gracias a Dios el Padre por todo.
Efesios 5:19-20

Dios siempre tiene la razón

Creo que sufrí por amor el noventa por ciento de mi vida. Siempre me equivocaba cuando buscaba pareja y nunca tenía a Dios como consejero. Por eso, el noventa por ciento de mi vida lo viví en desamor. Hoy en día, supe esperar en Dios y Él fue el que trajo a mi vida a mi esposo, Edgar. Así que pude ver la diferencia: Cuando las cosas son de Dios, permanecen. De modo que pueden pasar tormentas y dificultades, pero ese amor lucha y enfrenta cada crisis en la ROCA que es Cristo.

Cuando queremos hacer nuestra voluntad y actuar como decía una antigua canción «Hagamos lo que diga el corazón», viviremos aventuras y romances que terminan en grandes tragedias, desilusiones y hasta traumas que arrastraremos por años en nuestra vida. El Manual de Instrucciones nos deja ver bien claro que «engañoso es el corazón» (Jeremías 17:9, RV-60).

Con tantas experiencias dolorosas que tuve a lo largo de mi vida y cansada de sufrir, un día por fin decidí hacer un ALTO en mi vida emocional e hice un pacto con mi Dios al decirle las siguientes palabras: «Quiero desintoxicarme de los hombres y deseo guardarme para ti y para mis princesas». Y Dios, que es amor, me tomó en sus brazos. Entonces, a partir de ese momento, pude experimentar lo que es estar quieta y esperar en Él.

Si estás cansado de una vida amorosa tormentosa, es tiempo de hacer un ALTO y pedirle a tu Padre que te dé la fuerza para dejar esa relación que está destruyendo tu vida. Así, serás capaz de decir, como yo lo hice un día: «Dios quiere lo mejor para sus hijos y siempre tiene la razón».

Notas: _____

_____

_____

Orará a ti todo santo en el tiempo en que puedas ser hallado [...]
Tú eres mi refugio; me guardarás de la angustia;
con cánticos de liberación me rodearás.
Salmo 32:6-7, RV-60

Oración por perdón y firmeza

Señor Jesús, en esta hora busco tu presencia porque deseo limpiar mi corazón de toda maldad. Quiero que me des firmeza, Señor, en este día, a fin de seguir adelante y poder perdonar a quien me ha hecho daño.

También te pido, Dios mío, que me perdones por el daño que les he causado a los demás. Dame sabiduría para entender que cuando perdono, estoy siendo libre en ti.

Dios mío, quita de mí todo orgullo, todo pensamiento que no venga de ti y hazme humilde.

Señor, sé que la venganza es tuya y que tú eres mi Defensor. Así que estoy seguro en tus manos.

Quiero honrarte y adorarte. Por lo tanto, reafirma mi espíritu y no me dejes caer en tentación.

Te amo con todo mi corazón. Y sé que tienes grandes y maravillosas cosas para mí. Amén y amén.

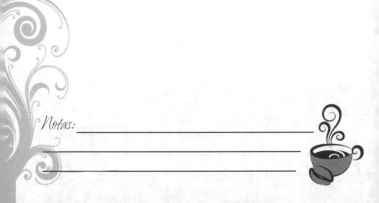

Notas: _____

_____

No tengas miedo ni te desanimes, porque Dios el SEÑOR,
mi Dios, estará contigo. No te dejará ni te abandonará.
1 Crónicas 28:20

Dios es tu ayudador

Dios es el único que nos ayuda en medio del dolor en la pérdida de un ser querido. Es el único que puede comprender ese dolor porque Él también perdió a su Hijo, Jesús.

Dios es nuestro Consolador y nos lo dejó por medio del Espíritu Santo. Por eso, cuando estamos sufriendo, nuestro Padre se interesa por nuestro dolor.

Y nos envía consuelo, paz y alivio.

¿Por qué Dios permite el dolor? Nunca entenderemos el porqué Dios lo permite. Entonces, ¿cómo consuelas a una madre que por años disfrutó de su hijo y ahora no lo ve más? ¿Cómo llenas una habitación que ha quedado repleta de recuerdos como fotos, ropa, juguetes y cosas que te recuerdan ese hijo amado? Solo Dios puede ser nuestra ayuda en medio de la pérdida. Él es el único que nos puede llenar de la paz que sobrepasa todo entendimiento.

Si estás atravesando por esta situación y has perdido un ser querido, recuerda que Dios es tu ayudador. Él te ama y te consuela en medio del dolor...

Notas: _____

_____

_____

Responde a mi clamor, Dios mío y defensor mío. Dame alivio
cuando esté angustiado, apiádate de mí y escucha mi oración.
Salmo 4:1

Dios alivia mi dolor

Oh, Dios mío, en ti confío. Sé que eres mi consuelo y que en medio de esta prueba tú estás conmigo.

Quiero decirte, mi Dios, que aunque no entiendo el porqué estoy viviendo esta situación y estoy sufriendo, te ofrezco a ti cada lágrima, cada noche sin dormir, cada pensamiento negativo que ha llegado a mi mente de que mejor sería no existir y deposito mi corazón en ti para que lo llenes de tu amor.

Señor, renuévame y restaura mi alma. Permite que muy pronto pueda encontrar alivio a esta situación y logre ver la salida en medio de esta tribulación.

Señor, tú eres mi refugio y mi esperanza.

Señor, que se haga tu voluntad y no la mía.

Y ayúdame a aprender de esto que hoy me permites vivir.

Que pueda crecer después de esta prueba y sea capaz de ayudar a otras personas que sufren.

Gracias, mi Dios, por formar en mí el carácter de tu Hijo Jesucristo.

Amén y amén.

 Notas: _____

_____

Pidan, y se les dará; busquen, y encontrarán;
llamen, y se les abrirá.
Mateo 7:7

La oración tiene poder

Quizá tú no seas quien más ora. No seas el que separa unos segundos o minutos del día para orar y levantar una comunicación directa con tu Dios. Aun así, quiero decirte que la oración tiene muchas bendiciones en nuestra vida.

A través de la oración te acercas más al Padre. Cuando nuestros hijos necesitan algo, o quieren que les compremos algo, se acercan de manera confiada a nosotros. Incluso cuando han hecho algo malo se acercan para decirnos que les perdonemos, pues cometieron una falta, y casi suplican por misericordia.

Lo mismo sucede con nuestro Dios que desea que tú y yo tengamos una relación personal con Él. Que desea que nos acerquemos de manera confiada a Él. No para repetir como loros lo que queremos cada día, sino también para conocerle con mayor profundidad. Como Padre, desea que tú y yo le busquemos y le pidamos «TODO» lo que necesitemos.

Comienza a desarrollar momentos íntimos con Dios. Sepárate y establece esa comunión con Él. Al principio, sentirás que no sabrás qué decirle ni cómo hablarle, pero al poco tiempo te darás cuentas que tus palabras fluirán y serás capaz de derramar tu corazón ante Papá (Dios).

Notas: _____

_____

_____

No amen al mundo ni nada de lo que hay en él [...]
El mundo se acaba con sus malos deseos, pero el que hace la
voluntad de Dios permanece para siempre.
1 Juan 2:15, 17

La libertad está en Dios

¿Por qué le doy al pensamiento de hoy el nombre de «La libertad está en Dios»? Porque no solo es bíblico, sino que es real. Hace unos meses pude conocer a un oyente muy jovencito, de veintidós años. Su nombre es Víctor Huete y fue cabecilla de un grupo de las «Maras Salvatruchas». Mediante una carta que envió a nuestra radio, nos contó cómo llegó a formar parte de esa pandilla desde los catorce años de edad, cómo cometió una serie de actos para integrarse al grupo y los pactos que estableció directamente con Satanás. También contó que desde que llegó a la cárcel, después de caer preso en la ciudad de Miami, se reconcilia con Dios y le reconoce como su Salvador. En medio de la soledad y la frustración por estar en una cárcel, este joven comienza su andar con Jesús. Hoy en día, su vida está transformada. Así que, en la cárcel, les habla a otros de la Palabra y de sus experiencias, al decirles de dónde lo rescató el Señor. Ahora, con autoridad, evita que otros jóvenes caigan en ese mundo oscuro y cruel de las pandillas. No obstante, lo más hermoso es que en su cara hay paz. Su carita refleja el amor de Dios y, lo que es más importante, en medio de esa cárcel, de esa celda donde todavía permanece, ha encontrado lo que muchos no tienen a pesar de que viven en su propia casa: «LIBERTAD».

Notas: _____

_____

El Señor [...] restaura a los abatidos
y cubre con vendas sus heridas.
Salmo 147:2-3

¿En quién puedes descansar?

Dios mío, levanto una oración pidiéndote una porción mayor de fe y de esperanza para mi vida. Te quiero confesar que muchas veces he querido rendirme, pero cuando miro a mi alrededor y veo a mis hijos, mi familia y todo lo que has hecho por mí, entiendo que lo que necesito aprender es a descansar en ti.

Señor, enséñame a confiar en ti y a buscarte con todo mi corazón. Permite, Padre santo, que crea en cada una de esas promesas maravillosas que me has dejado en tu Palabra y esperar por ellas.

Sé, mi Dios, que tú restauras al abatido y con tu amor cubrirás las heridas de tus hijos.

Anímame en este día y ayúdame a colocar mi mirada de manera exclusiva en ti y no en las circunstancias que estoy viviendo.

Notas: _____

_____

Siempre tengo presente al Señor;
con él a mi derecha, nada me hará caer.
Salmo 16:8

Que nuestro caminar sea firme

Es muy común que los problemas de la vida nos roben nuestra confianza en Dios.

Llegar a un país extraño, la separación por una situación migratoria de tu familia, un divorcio, un hijo en las drogas, una desilusión en tu iglesia, una traición de un amigo... Son tantas y tan comunes las situaciones que te menciono hoy que es muy fácil que tú y yo podamos estar pasando alguna de ellas.

Sabemos que no todos tenemos la misma resistencia al dolor ni todos tenemos la misma capacidad para enfrentarnos a la vida. Sabemos que esas situaciones nos pueden aturdir y hasta nos pueden alejar de Dios. Incluso, a menudo culpamos a Dios de lo que nos está pasando y por error podemos tomar decisiones fuera de su voluntad.

¡Qué riesgo es vivir la vida sin tener a Dios de nuestro lado! ¡Qué peligro es desafiar a Dios a que podemos vivir sin Él y hacer nuestra voluntad!

Ahora quiero que aprendas algo: Dios es AMOR, Dios es COMPASIVO, Dios es JUSTO y es PADRE. Y al que ama corrige. Por favor, no quieras experimentar la corrección del Padre. Entrega este día toda soberbia, todo orgullo, y ríndete en los brazos del Único que puede cambiar tu situación.

Notas: _____
_____

Panal de miel son las palabras amables:
endulzan la vida y dan salud al cuerpo.
Proverbios 16:24

Huye del negativismo

¡Cuántas veces nos toca en la vida diaria convivir con personas negativas, personas que desde que abren su boca es para criticar a otros, para maldecir la vida que están viviendo! Se desaniman a cada momento y, como dicen por ahí, ¡no los calienta ni el sol!

Me refiero a las personas que van a una iglesia constantemente, que leen la Palabra y que se dicen llamar «cristianos». A estos más bien les digo «cristinos». ¿Sabes la repercusión que tiene para nuestra vida comportarnos de esa manera?

Sé que muchos de los que hoy leen este libro, o lo escuchan por la radio, se han sentido muy incómodos al tener a su alrededor personas así. Que en vez de atraerte a la iglesia para tener una vida espiritual, más bien te alejan y se convierten en piedra de tropiezo. Una piedra tan poderosa que alejan a los que le rodean y le impiden tener una vida con Jesús.

Recuerda que las palabras tienen poder y con ellas puedes bendecir o maldecir a una persona. Permitamos, pues, en este nuevo día, que lo que hablemos coincida con las cosas que hacemos. ¡Pidámosle a Dios ser reflejo de su luz y brillar sin contaminarnos con el negativismo!

Notas: _____
_____
_____

Pero yo, SEÑOR, en ti confío, y digo: «Tú eres mi Dios».
Mi vida entera está en tus manos.
Salmo 31:14-15

Oración por mi carácter

Querido Jesús: Reconozco que muchas veces no he sido un buen ejemplo para mi familia y mucho menos para las personas que me rodean. Sé que muchas veces mis actitudes no han dado buen testimonio de tu nombre.

Te suplico que me ayudes a retener mi boca y no hablar cosas de las cuales me pueda arrepentir.

Aunque sé que te amo, mi Dios, reconozco que he usado tu nombre en vano y he dudado de tu poder, de tu amor y de tu misericordia.

Te pido perdón con todo mi corazón.

Quiero que formes el carácter de tu Hijo en mí y que yo pueda, Señor, ser un instrumento tuyo en esta tierra.

Guíame para que mi vida llegue a ser ejemplo y tú puedas reinar siempre en mí.

Aléjame, Padre, de personas que no aportan nada bueno a mi vida y, por favor, no me sueltes de tu mano. Te necesito, mi Señor.

Notas:_____

_____

_____

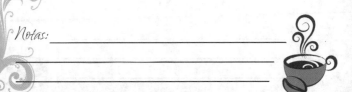

Enjugará Dios toda lágrima de los ojos de ellos;
y ya no habrá muerte, ni habrá más llanto, ni clamor,
ni dolor; porque las primeras cosas pasaron.
Apocalipsis 21:4, RV-60

El beneficio del dolor

¿Cómo vamos a poder decir tal cosa? ¿Que el dolor tiene una parte positiva en nuestras vidas?

¡Sí! No hay nada más poderoso en nuestro caminar con Cristo que haber experimentado, aunque sea una vez, el dolor a través de una prueba.

Dios permite que nos prueben y sabe a la perfección la capacidad que tenemos para resistir. Es más, su Palabra dice que no permitirá algo que tú y yo no podamos tolerar para salir triunfantes, pues Él nos ayudará durante la situación que estemos viviendo y después de esta (véase 1 Corintios 10:13).

En el dolor nos volvemos más sensibles. En medio del dolor conocemos a Dios de una manera más personal. Al atravesar momentos desesperados de dolor, tenemos grandes experiencias con Él.

Muchas veces, Dios permite esas situaciones en nuestras vidas porque estamos alejados de Él, porque quizá nuestro corazón esté corrupto o porque solo necesitamos que nos moldee a fin de pasar a otro nivel en nuestra vida.

No hay un momento en el que tú y yo demos más frutos que después de pasar una gran tribulación.

Sin duda, el crecimiento duele.

Notas:

Bueno es el Señor; es refugio en el día de la angustia,
y protector de los que en él confían.
Nahúm 1:7

Tiempos de angustia

Si nos tocara escoger entre el dolor y la angustia, creo que no sabríamos qué responder. La angustia es esa agonía que se puede prolongar y te puede destruir poco a poco.

Creo que no hay nada más extraño que sentir ese vacío en nuestro estómago. Esos pensamientos que se deslizan por nuestra mente y nos hacen palpitar más fuerte el corazón y hasta sudar sin control. Dios nos dice en su Palabra varias veces que no debemos vivir angustiados; y que si lo estamos, Él nos libra y nos ayuda. No obstante, solo hay un requisito para poder ver actuar a Dios a favor de nosotros en momentos de angustia y es buscar de Él. Otra manera de lograrlo es siendo obedientes a su Palabra, a sus mandamientos, y saber que Él escucha nuestra oración.

Pon tu mirada en Dios y no te desenfoques buscando amparo en otras cosas que no te ayudarán.

Reta a Dios en este día y dile que aunque no entiendes lo que estás viviendo, vas a confiar en Él. Y que si llegan pensamientos contrarios, tú permanecerás en su Palabra.

Notas: _____

_____

*No temas [...] ni te desanimes, porque el SEÑOR tu Dios está
en medio de ti como guerrero victorioso. Se deleitará
en ti con gozo, te renovará con su amor.*
Sofonías 3:16-17

Agrada a Dios en todo

Todos tenemos luchas que se nos presentarán casi a diario. Aunque a veces hemos sido débiles y hemos fallado, en nuestro corazón lo que más deseamos es agradar a Dios en todo.

Sin embargo, agradar a Dios en todo es renunciar a cosas que sabemos que no son buenas, tales como el adulterio, la venganza, el divorcio, la mentira, matar, robar, entre otras.

Es más fácil agradar a Dios en las cosas sencillas, ¿pero qué me dices cuando estamos en alguna situación, algún vicio y por más que tratamos no podemos renunciar?

Sin embargo, no todo es preocupación. Debes saber que el único que nos puede ayudar a renunciar es el mismo Dios a través de una decisión que tomemos tú y yo, pues Él ve y conoce nuestro corazón.

El día que decidí dejar de fumar, hablé muy claro con mi Dios y le dije: «Padre, a mí me gusta mucho fumar, pero quiero agradarte. No quiero ver sufrir más a mis hijas porque me vean fumar, pero yo sola no puedo. Quítame, por favor, el deseo, y te prometo que nunca más lo vuelvo a hacer».

Esa noche apagué el cigarrillo y no sentí nada diferente. Entonces, al otro día, ya no volví a sentir deseos de fumar y, gracias a Dios, pude dejar ese vicio que no solo me enfermaba, sino que lo desagradaba por completo a Él.

Mis amigos, la clave en una decisión es dar el primer paso y Dios te respalda. Si todo se puede en Él, podemos hacer cualquier cambio.

Notas: _____

_____

_____

Mi ayuda y mi libertador eres tú;
Dios mío, no te tardes.
Salmo 40:17, RV-60

Oración por renuncia

Dios mío, ¿a quién acudo si no es a ti? Primero te pido perdón por mis debilidades. Perdóname porque muchas veces te he prometido cambiar y no lo he hecho. Te he prometido dejar este vicio que me está acabando, he prometido renunciar a esta relación que no es aprobada y que está en contra de tu Palabra. He prometido buscarte más y hacer tu voluntad y lo hago por un tiempo y vuelvo atrás.

Señor, estoy cansado de vivir esta doble vida. Así que hoy quiero renunciar a todo lo que no te agrada. Quiero empezar a ver los frutos de mi obediencia con las bendiciones que tienes para mí.

Te entrego esta situación _____ (señala las cosas a las que debas renunciar). Me pongo delante de ti para decirte que necesito de tu ayuda porque yo solo no puedo.

Por favor, Dios mío, hazme valiente cada día y dame las fuerzas que necesito para enfrentar la tentación y huir.

Entrego mi vida en tus manos. En el nombre de Jesús, amén y amén.

Notas: _____
_____
_____

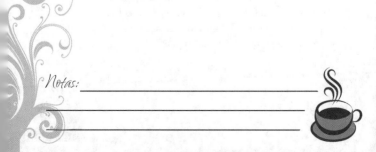

*«Honra a tu padre y a tu madre —que es el primer
mandamiento con promesa— para que te vaya bien
y disfrutes de una larga vida en la tierra».*
Efesios 6:2-3

El primer mandamiento con promesa

¿Sabías que Dios dejó Diez Mandamientos? No obstante, al único que le añadió una promesa fue en el que dijo lo siguiente: «Honra a tu padre y a tu madre, para que disfrutes de una larga vida en la tierra que te da el SEÑOR tu Dios» (Éxodo 20:12).

Sé que los padres no son perfectos. Muchos han cometido graves errores con sus hijos por falta de información o porque les criaron de la misma manera.

Así que nosotros podemos crecer con un resentimiento muy profundo en el corazón, con un rechazo a ese papá que nos abandonó, que nos maltrató, que se emborrachó muchas veces y que golpeaba a nuestra madre. O hacia una madre que insultaba a su hijo o que nos castigaba sin compasión. De modo que esa ira va guardándose por años y, aunque dijéramos que el tiempo lo borra todo, no sucede lo mismo en este caso.

Dios nos recomienda que honremos a nuestros papás y eso significa perdonar y sanar esas heridas del pasado. Es no juzgar lo que hicieron y vivir solamente el principio, pues Dios se encarga de lo demás.

No quiero que pases un día más sin pedirle perdón a tu madre o a tu padre. Si ya no está en este mundo, aprendí una técnica de perdón que da buenos resultados en este caso y es escribirle una carta. Sabemos que no la leerá porque ya no está, pero el efecto es de muchísima sanidad para ti. Allí podrás colocar todas tus frustraciones, iras y resentimientos que necesitas entregar a fin de lograr vivir al pie de la letra este versículo.

Notas: _____

_____

_____

Aunque mi padre y mi madre me abandonen,
el Señor me recibirá en sus brazos.
Salmo 27:10

Recuerda quién te lleva de la mano

Nadie nace con un manual ni con una cartilla que nos enseñe cómo ser mejores padres. Se trata de un compromiso que nos llega sin muchas veces haberlo buscado. El día menos esperado las cosas cambian y nos enfrentamos a esa realidad: «Voy a ser padre» o «Voy a ser madre». Incluso, en ocasiones puedes quedar en estado de choque un par de días. Entonces, después de hacer las pruebas, las cuentas y demás análisis, te cae el veinte y llegas a tu verdad, vas a ser padre.

¿Y qué me dices de los que tienen sus hijos sin contar con el respaldo de la pareja y les toca seguir adelante solos con esta enorme responsabilidad? Pues para todos va esta reflexión.

Tuve la oportunidad de vivir esta última situación con un embarazo no planeado. Sumado a eso, una pareja que prefirió abandonarme antes que asumir su papel de padre. No les niego que viví momentos de angustia, de soledad y de tristeza por no haberme guardado. Viví momentos de dolor por haberle fallado a mi Dios, a mis princesas y a mi familia.

Sin embargo, llegó el momento en que me tocó guardar mi dolor, levantar mi cabeza, pedir perdón a quienes afecté con esta situación y vivir ese último embarazo como si fuera el primero. Hoy en día mi princesa Anacristina tiene cinco años y es mi vida. Ha llenado de felicidad mi vida y la de mi familia.

Dios perdona nuestras faltas y nos da nueva oportunidades.

Notas: _____
_____
_____

Te damos gracias, oh Dios, te damos
gracias e invocamos tu nombre.
Salmo 75:1

Solo da gracias

Hoy quiero que dediquemos estos cortos minutos a darle gracias a Dios por todo lo que nos ha dado. No todos los días debemos pedirle a Dios. Es muy bonito poder levantar nuestra mirada y decir:

«Gracias, Dios, porque me regalaste un nuevo día. Tengo salud y sé que tú me cuidas aun cuando estoy dormido. Gracias, mi Dios, porque has llegado a mi vida, porque quizá a través de estas pequeñas enseñanzas de experiencias vividas estoy aprendiendo a conocerte más de cerca. Estoy reconociendo que en verdad estás vivo, que eres real. Que estás tan cerca de mí que te interesa mi vida para que me vaya bien. Conoces mis necesidades y me concedes las cosas que ni siquiera te había pedido. Gracias por las cosas que estoy viviendo y, aunque no las entiendo, veo tu mano interviniendo. Sé que pronto me sacarás adelante. Señor, la clave está en la obediencia. Sé que siendo obediente a ti voy a recibir todas las bendiciones».

Recuerden, esta fórmula no falla: Obediencia = Bendición.

Notas: _____

_____

_____

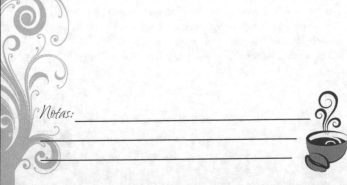

No temas, porque yo estoy contigo; no te angusties,
porque yo soy tu Dios. Te fortaleceré y te ayudaré;
te sostendré con mi diestra victoriosa.

Isaías 41:10

Tenemos que creer

Es verdad que casi todos hemos experimentado un milagro de Dios en nuestras vidas. Bueno, quizá consideres que no es así en la tuya. ¿Por qué será que los seres humanos dudamos tanto, y a veces más entre los que decimos creer en Dios, de que Él es capaz de hacer cualquier milagro? ¿Por qué olvidamos que Dios es el mismo hoy y siempre y que hace y hará milagros? Lo que ocurre es que nuestra falta de fe no nos permite verlo en nuestras vidas.

En lo personal, he recibido milagros de todo tipo: familiares, financieros, de salud. Dios ha hecho milagros en mis hijas, como lo hizo al sanar a mi princesa de cinco años, Anne, de una enfermedad en la piel. Le detectaron un virus llamado *molluscum contagiosum* [molusco contagioso] y quedé aterrorizada. Solo sabía que era horrible, contagioso, que las verrugas en la piel le podían durar de seis a dos años y que se podía extender por todo el cuerpo. Sentí un frío en mi interior y la miré con esas pápulas en las piernas y dije: «¡No, Señor, a ella no!».

Esa noche, me metí sola al baño y me derrumbé. Allí me desahogué con mi Padre Dios y le dije: «Por favor, sana a mi hija. Te ofrezco mi vida y mi trabajo, pero sánala».

Recuerdo que la pusimos en el grupo de oración que tenemos en la emisora donde trabajo, y les digo algo, a las dos semanas esas pápulas se desvanecieron. Lo que duraría seis meses como mínimo, Dios lo llevó a dos semanas.

Tenemos que creer que Dios es bueno y conoce nuestra necesidad. Recuerda, «sin fe es imposible agradar a Dios» (Hebreos 11:6).

Notas: _____

_____

_____

Por tu nombre, SEÑOR, dame vida; por tu justicia,
sácame de este aprieto.
Salmo 143:11

Cuando te roban el gozo

¿Cuántas veces te ha sucedido esto? Nos levantamos con alegría y con ánimo. Es más, llevamos un día feliz. Entonces, de repente, ¡pumba! Ya sea tu hijo, tu hija, tu esposo, tu jefe, tu compañero de trabajo o incluso alguien que te cerró el camino cuando manejabas, te daña literalmente el día. Una discusión, una injusticia, un mal comentario de alguien que no esperabas, una reacción diferente de tu pareja. De modo que sientes que se te viene todo abajo y se transforma tu día y también tu actitud.

Esa cara feliz que traíamos cambia en de segundos por una cara amargada, quizá con llanto y ganas de decirle a esa persona unas cuantas cosas. En verdad, no queremos expresar palabras de bendición... *Ja, ja, ja.*

Sin embargo, es ahí donde debe aparecer la otra parte. ¿Cómo debemos reaccionar ante situaciones tan comunes? No podemos dejar que nada ni nadie nos roben el gozo. No podemos permitir que por un momento de ira hagamos o digamos cosas de las que nos vamos arrepentir después.

Siempre hemos escuchado que, cuando te enojes, cuenta hasta diez, respira profundo y medita en las cosas lindas que ya viviste en el día. ¡Eso es todo! Cada día se presentarán momentos que te llevarán al límite de tu reacción. Lo más importante es que no nos quedemos ahí, en las circunstancias, en la incomodad del momento. Por el contrario, debemos pedirle a Dios que nos dé la calma y la paz para seguir adelante. No nos dejemos robar la alegría. Es un regalo de Dios para nuestras vidas.

Notas: _____

_____

Jesús dijo: *El ladrón no viene más que a robar, matar y destruir; yo he venido para que tengan vida, y la tengan en abundancia.*
Juan 10:10

Robar, matar y destruir

Este título es preocupante. Es posible que alguien se pregunte: «¿Quién quiere hacer esto?» o «¿Cómo la autora del libro sabe que tengo alguna de esas debilidades o pecados?». Me llamó también poderosamente la atención la primera vez que escuché estas tres palabras en una iglesia cristiana, la primera que conocí, «La Catedral del Pueblo».

Así que cuando la pastora Edén, algún líder o pastor predicaban acerca de esto, me costaba creer que a alguien le interesara robarme lo mío, ya fueran mis finanzas, felicidad, confianza, familia, mis hijas. Que alguien deseara matarme y destruir mi vida, mis sueños, mi esperanza, mi testimonio. Hasta que entendí que más que hablar del diablo, Satanás, o el enemigo, esto era real. Lo comprobé primero en la Biblia donde dice que esas son las funciones y anhelos del enemigo de nuestra vida.

En mi caminar con Cristo, también lo he experimentado en diferentes pruebas y circunstancias de la vida. El enemigo me robó uno de mis matrimonios y mis finanzas. Destruyó en ocasiones mis sueños y trató de arrebatarme de este mundo mediante una grave enfermedad. Por eso tú y yo debemos comprender que solo en Dios podemos vivir confiadamente. Además, debemos en todo momento utilizar el recurso más poderoso que nos dejó el Señor: «La oración». Con la oración, te guardas en los brazos de Dios y depositas tu vida y la de los tuyos en sus manos. Solo allí estamos seguros y podemos encontrar nuestra verdadera felicidad, pues a Dios le interesa amarte, bendecirte y prosperarte.

Notas: _____

_____

_____

En paz me acuesto y me duermo,
porque solo tú, SEÑOR, me haces vivir confiado.
Salmo 4:8

Oración por protección

Dios mío, Padre mío... solo tú me haces vivir confiado. A esta hora levanto mi oración para pedirte que me protejas de todo mal y peligro.

Ahora soy consciente de que el enemigo quiere destruirme, quiere aprovecharse de mi debilidad y quiere robarme la felicidad.

Te pido, Dios mío, que me ayudes a reconocerte cada día en mis caminos y me llenes de tu amor y de tu gozo.

Te suplico, Padre eterno, que guardes a mis hijos y a mi familia. Que guardes mi negocio, mi economía y mi trabajo, pero sobre todo que guardes mi integridad y mi testimonio.

Envía tus ángeles a mi alrededor, a mi casa y a mi auto. Dame un resto del día muy feliz. Amén y amén.

Notas: _____

_____

Si a alguno de ustedes le falta sabiduría, pídasela a Dios,
y él se la dará [...] Pero que pida con fe, sin dudar.
Santiago 1:5-6

Dame sabiduría

Así comienza una bellísima canción. Sé que no todos conocen al intérprete. La canción se llama «Dame sabiduría» y al cantante le dicen cariñosamente «Perucho» (Héctor Perucho Rivera), donde dice «dame sabiduría para alargar mis días».

En el Manual de Instrucciones se nos enseña que si tenemos falta de sabiduría, se la pidamos a Dios y Él nos la dará en abundancia (Santiago 1:5). También en ese mismo capítulo de Santiago, Dios nos advierte que pidamos con fe para que no seamos «como las olas del mar, agitadas y llevadas de un lado a otro por el viento» (v. 6).

La *sabiduría* nos capacita para enfrentarnos a diferentes pruebas. Al mismo tiempo, nos invita a tener un gran gozo. Algo muy interesante es que la sabiduría no es la posesión de información, sino la cordura.

A las mujeres se nos afirma con claridad en Proverbios 14:1 lo siguiente: «La mujer sabia edifica su casa; la necia, con sus manos la destruye».

La Biblia dice también que «el corazón del sabio hace prudente su boca, y añade gracia a sus labios» (Proverbios 16:23, RV-60).

Cuando aprendemos a ser sabios, sabemos que tomaremos mejores decisiones. Seremos mejores seres humanos y sabremos administrar como Dios quiere nuestra vida en general.

Notas: _____

_____

*Si confiesas con tu boca que Jesús es el Señor, y crees en tu corazón
que Dios lo levantó de entre los muertos, serás salvo.*
Romanos 10:9

Oración de fe

Mi Dios, hace varios días que estoy leyendo este libro que alguien me regaló (o que compré), porque ya es tradición leer algo todos los días. Tal vez lo escuche a través de la radio, pues se oye bonito. Me inspira a cambiar, a hacer cosas distintas y a vivir una vida diferente a la que estoy viviendo.

Muchos me han dicho: «Haz la oración de fe y acepta a Jesús como tu Salvador». Sin embargo, Señor, aún no sé cómo hacerlo. A decir verdad, no quisiera cambiar de religión.

En este día y en esta hora, me encuentro de nuevo en este libro la oportunidad de hacer esta oración y deseo hacerla con todo mi corazón. Aunque hay cosas que no entiendo, y aunque a veces lo que veo no me gusta, quiero recibirte en mi corazón.

Señor Jesús, me presento delante de ti para pedirte perdón por mis pecados, para decirte que te recibo en mi corazón como el único Salvador de mi vida.

Por favor, escribe mi nombre en el libro de la vida y gracias por darme vida eterna. Amén y amén.

Notas: _____

_____

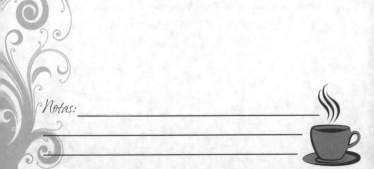

De cierto, de cierto os digo:
El que cree en mí, tiene vida eterna.
Juan 6:47, RV-60

Todo es nuevo

Si hiciste esta oración de fe, quiero que sepas que has comenzado una nueva etapa en tu vida. Empezarás a experimentar cambios, pero no temas, todos los cambios que tendrás son para bien. De repente, volverás la vista atrás y dirás: «¡Increíble, cómo he cambiado! Lo que antes me gustaba, ahora no lo disfruto». Además, muchos de esos cambios serán radicales. Cuando Jesucristo está en tu corazón, significa que tienes un Salvador. Significa que pasaste a tener la vida eterna. Entonces, cuando partas de este mundo, tendrás la seguridad de que llegarás a la presencia de Dios.

Quiero que sepas que tener a Cristo en tu corazón es una garantía de que ya no estás solo. De modo que ahora tienes a alguien que intercede por ti, se preocupa por tus necesidades y llena todo vacío que nadie podía llenar.

Dios es tu Padre y promete estar contigo aunque te abandone el tuyo.

Dios es tu Amigo fiel, pues Él nunca cambia.

Dios es tu Sanador.

Dios es tu Redentor.

¡Dios es tu TODO!

Celebra tu decisión y permite que Dios moldee tu corazón, sane tus heridas y puedas ser feliz en verdad.

Te felicito porque fuiste valiente. Yo recibí a mi Jesús hace más de trece años y te puedo dar fe y testimonio que ha sido lo mejor que me ha pasado. Le doy gracias a Dios por la persona que utilizó para mostrarme esa hermosa verdad y cambiar mi vida y la de mis hijas.

Notas: _____

_____

Porque el SEÑOR es bueno y su gran amor es eterno;
su fidelidad permanece para siempre.
Salmo 100:5

¿Quién soy yo?

La gran ventaja de poder declarar que somos hijos de Dios es entender que nuestra identidad debe estar en Él.

Dios es el Rey, y si somos sus hijos, no solo somos hijos del Rey, sino que debemos aprender a vernos como tales. Muchos que hacen este cambio se acercan muchísimo a Dios, pero se sienten muy pobres. ¿Crees que por ser cristiano debas tener escasez y mendigar? De seguro olvidas que tienes privilegios.

No importa la idea que te vendieron en tu niñez. Si te maltrataron, o fuiste la oveja negra de la familia, o si vienes de una iglesia legalista, Dios te recibe en sus brazos de amor. La prueba de que Dios nos lleva de su mano es que sentirás su presencia. Experimentarás cómo te concede las peticiones más profundas de tu corazón de una manera única.

Así que mi recomendación es que consigas una Biblia y una iglesia. ¡Esto es clave para alimentarte bien! También busca las más de tres mil promesas que Dios nos ofrece en su Palabra a cada uno de nosotros.

Notas:

*Siempre deben estar dispuestos a hacer lo bueno: a no hablar
mal de nadie, sino a buscar la paz y ser respetuosos, demostrando
plena humildad en su trato con todo el mundo.*

Tito 3:1-2

No hagamos conjeturas

Hace tan solo unos meses recibí un correo electrónico en el que una de mis oyentes me pedía una información que di en el programa. Recibí este correo y saqué el tiempo para buscar lo que necesitaba y de paso agradecerle por ser fiel oyente de la radio. Cuando recibió mi mensaje, no podía creer que le hubiera contestado.

En su siguiente correo me dijo: «Estoy asombrada de que me respondiera una persona tan ocupada como tú. Ya había dicho: "Olvídalo, Claudia nunca leerá tu correo"».

Me pidió perdón y me dijo que cuando pudiera hacer una enseñanza de esto, no dudara en hacerlo. Necesitamos aprender a no hacer conjeturas.

Es una historia corta y sencilla a la vez, pero nos deja varias cosas para aprender: No nos debemos rendir antes de tiempo, no nos declaremos derrotados cuando aún no hemos peleado la batalla. Por lo general, las conjeturas nos van a meter en conflictos con nuestra pareja o con nuestros seres queridos.

Las conjeturas nos llevan a dudar de lo que esperamos obtener a cambio. Y si lo miramos desde una perspectiva espiritual, no es un principio de sabiduría. Cuando nos formamos un juicio de algo, de inmediato tenemos que atenernos a las consecuencias por los hechos, como le sucedió a la oyente que me escribió.

Sin embargo, lo que siempre debemos dar por sentado es que Dios nos ama de manera incondicional y que Él nunca falla.

Notas: _____

_____

_____

Cuando estéis orando, perdonad, si tenéis algo contra alguno,
para que también vuestro Padre que está en los cielos
os perdone a vosotros vuestras ofensas.
Marcos 11:25-26, RV-60

Vístete siempre de amor

¿Amar a nuestros enemigos? ¿Orar por ellos? ¿Tener pensamientos de bienestar para el que te ha hecho mal? Parece muy raro, ¿verdad? No obstante, las Escrituras nos enseñan todo lo contrario. Mira lo diferente que piensa Dios:

Ora por tus enemigos. Si alguien te da una bofetada, pon la otra mejilla. Si te piden algo, sírvele y bendice su vida. Si pecan contra ti, perdona hasta setenta veces siete. Quizá me digas: «¡Increíble, Claudia! ¿Cómo voy a hacer todo esto con el que me maltrató, me robó, me mintió, me engañó, me explotó y me maldijo? ¡Imposible!».

Hoy quiero que puedas, con la ayuda siempre de Dios, cambiar esa manera de pensar y ser obediente a lo que Él espera de nosotros.

La Biblia dice que debemos arreglar las cuentas con los que estamos mal. La Palabra también nos advierte que si no perdonamos, Dios no nos podrá perdonar, y nos hace ver en varias oportunidades que el mejor ejemplo de humildad, de misericordia y de perdón nos lo da Dios al perdonar nuestros pecados, nuestras faltas.

¿Te imaginas que Dios nos dijera: «De ninguna manera, como hiciste esto, no te puedo perdonar, así que te condeno»? ¡Qué triste sería!

En mi caso, he experimentado la libertad que se siente cuando perdonamos. Es una sensación de independencia cuando liberas a esa persona que has tenido atada con tu rencor y con tu odio. Entonces, de inmediato, te liberas tú también.

Vistámonos siempre de amor y, recuerda, Dios no se desilusionó de nadie porque nunca se ilusionó con nadie.

Notas: _____

_____

_____

El perfume y el incienso alegran el corazón;
la dulzura de la amistad fortalece el ánimo.
Proverbios 27:9

La amistad

Desde que tengo uso de razón, recuerdo a doña Norma, mi madre, diciéndonos a mis hermanos y a mí: «Los verdaderos amigos se cuentan con los dedos de las manos y nos sobran».

¿Por qué será que las madres la mayoría de las veces tienen toda la razón? Y qué bien por eso, pues aunque son nuestras mejores consejeras, no todas las veces obedecemos las advertencias que nos dan. No sé tú, pero yo sí he tenido decepciones con amigas. La amistad es muy hermosa cuando se valora bien. Por eso es espectacular tener un amigo, o una amiga, que sea nuestro confidente. Sin embargo, ¡qué triste es cuando nos fallan o nosotros les fallamos! Ocasionamos mucho daño y nos queda una sensación bien extraña el saber que ese íntimo amigo pasó a ser un conocido.

En el Manual de Instrucciones aprendemos también de la amistad. La Palabra nos dice que «en todo tiempo ama el amigo, y es como un hermano en tiempo de angustia» (Proverbios 17:17, RV-60).

Con todo, hasta en esto debemos tener mucho cuidado. Hay personas que nos pueden ofrecer su amistad y, aun así, quizá no tengan nuestras mismas creencias y nos arrastren a hacer cosas que sabemos que no son buenas. Dios permita que, cuando brindemos amistad, nuestra vida sea un ejemplo a seguir y podamos representar al Señor en la tierra con nuestro testimonio.

Hoy te presento a mi mejor amigo, Jesús. Él nunca cambia, permanece a tu lado en cada momento, está dispuesto a escucharte y ayudarte a cada instante. Y lo tienes siempre a tu alcance.

Notas: _____

_____

El hombre que tiene amigos ha de mostrarse amigo;
y amigo hay más unido que un hermano.
Proverbios 18:24, RV-60

Oración por la amistad

Dios, en este día llego delante de ti para abrirte mi corazón y pedirte protección de las malas amistades. Señor, confieso que he sido débil algunas veces y que me he dejado llevar por malas influencias. Dios mío, te pido perdón si en algún momento he negado mi andar contigo para complacer a personas que están lejos de ti.

Te pido perdón y te reconozco hoy como mi mejor amigo.

Guarda, por favor, a mis hijos de esas malas amistades y dales sabiduría en el momento elegir. También ayúdame para servirles de buen ejemplo a mis hijos, a fin de que vean siempre un ambiente sano y saludable en nuestro hogar.

Aleja, por favor, esas personas que no son un buen ejemplo y enséñame a ser firme para no fallar.

Gracias, mi Dios, gracias, porque eres un Dios de oportunidades. Te amo. En el nombre de Jesús, amén y amén.

Notas: _____

_____

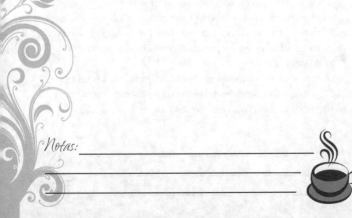

Ni lo alto ni lo profundo, ni cosa alguna en toda la creación,
podrá apartarnos del amor que Dios nos ha manifestado
en Cristo Jesús nuestro Señor.
Romanos 8:39

Que nada te aparte de su amor

¿Cuántas veces has sentido que te has alejado de Dios? ¿Sientes que el mundo en que vives te absorbe de tal manera que vas dejando a un lado tu relación con Dios? Quizá digas que antes eras más espiritual, pero después de una situación determinada te has alejado y ya no sientes lo mismo cuando vas a la iglesia.

Hoy quiero que tengas en cuenta que no vale la pena que por alguna situación, sea la que sea, te alejes y pongas un abismo entre tu Padre y tú.

Las presiones existen aun para los líderes y pastores. Uno pensaría que estas personas que trabajan en la iglesia o para Dios en algún lugar no deben fallarle y que deben estar siempre a su lado, pero no es así. Yo diría que en el cuerpo de Cristo, la iglesia, o incluso conviviendo con cristianos, hay más tendencia a desilusionarse, a sentir ganas de salir corriendo y muchas veces preguntarse: «¿Esto es de Dios? ¿Esta persona es cristiana en realidad como dice?».

Por eso es que nuestra relación debe ser directamente con Dios, porque la Biblia dice: «¡Maldito el hombre que confía en el hombre!» (Jeremías 17:5).

Si ponemos la mirada en el hombre, terminaremos desilusionados. Mucho más cuando nos fallan personas que están vinculadas en forma directa al campo espiritual.

Las situaciones se van a presentar, pero mi llamado para ti es que nuestra mirada debe permanecer en Dios y nosotros en su amor.

Notas: _____

_____

_____

Levántate [...] Ya brotan flores en los campos;
¡el tiempo de la canción ha llegado!
Cantares 2:10, 12

No estás en derrota

Darnos por vencidos en la vida es cerrarles las puertas al cambio. Un divorcio, una enfermedad, una pérdida, un despido repentino de un trabajo, un hijo que se va de casa, tener un familiar en la cárcel o, más aun, en las drogas... ¡Qué terrible!

Sé que muchos de los que hoy leemos este libro hemos pasado al menos por una de estas penosas situaciones. Y sabes que la misma frustración de lo que estamos viviendo no nos permite ver, mucho menos creer, que después de la tormenta viene la calma.

En ocasiones dudamos que hasta Dios, que es el dueño de nuestra vida, pueda estar interesado en tal problema y que nos dé en algún momento la salida o una solución.

Sin embargo, necesitamos conocer a Dios en medio de estas crisis. En esos momentos tenemos la oportunidad más maravillosa de entregarnos por completo en sus brazos y decirle: «Estoy cansado... He luchado en mis fuerzas y ya no puedo más».

Sabemos que no existe prueba tan grande que tú y yo no podamos soportar. O sea, Dios conoce tu capacidad de dolor y sabe cuánto puedes resistir.

Recuerda, a Dios sí le puedes creer.

Notas: _____

_____

Confíen en el SEÑOR para siempre,
porque el SEÑOR es una Roca eterna.
Isaías 26:4

Oración por misericordia

Señor: He leído y escuchado que tus misericordias son nuevas cada día para nosotros y eso me da la esperanza de que no estoy sola, de que te preocupas por lo que estoy viviendo y que con la prueba me darás también la salida.

Dios mío, te pido perdón si te he culpado de lo que me pasa, pero te confieso que no puedo más. Estoy muy cansado de tomar mis decisiones y de no tenerte en cuenta.

Hoy te pido una nueva oportunidad. He comprendido que deseas ayudarme, regalarme días felices y enseñarme cosas que ahora no puedo entender.

Así que no quiero cuestionarte. Solo quiero aprender a descansar en ti y a confiar en todo tiempo en ti.

Te entrego en este día mis cargas y recibo tu misericordia nueva de hoy.

Amén y amén

Notas:

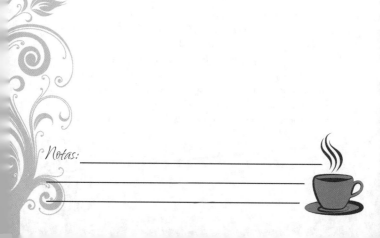

El Señor es mi roca, mi amparo, mi libertador.
2 Samuel 22:2

¿Libertad o felicidad?

La libertad no necesariamente te hace feliz. Muchos de ustedes no tienen una autoridad a la que le deban respeto. Quizá seas una mujer o un hombre que lleva muchos años de soledad y han aprendido a sentirse «libres».

Cuando llevamos mucho tiempo solos, tal vez viviendo con nuestros hijos pero ya con una vida resuelta, nos cuesta cambiar ese patrón: Llegar a la hora que quieras, hacer las cosas de tu casa cuando puedas, sin una presión encima, o estás cansado y decidiste comer fuera o no comer. Nos acostumbramos a ese tipo de rutina. No estoy diciendo que esto sea malo ni bueno. Solo quiero llegar al punto en que «ese estilo de vida» cambia de forma radical.

Te casas o decides vivir con unas amigas. Entonces, dejarás de ser el dueño de tu tiempo, tus gustos, tus caprichos y tu libertad. Ahora debes honrar, respetar, cuidar y pensar que ya no estás solo. No te preocupes, no eres un ser extraño. Estás atravesando un tiempo de ajuste. Todo cambio incomoda y a todos nos pasa lo mismo.

Quiero que sepan, en especial a los que están en esa oración perpetua de que Dios les envíe un cónyuge, que sus vidas nunca más volverán a ser iguales. El matrimonio, sobre todo para los que nos casamos después de cierta edad, es toda una aventura.

Te confieso que pasan por la mente muchas cosas cuando nos estamos acoplando y muchas veces, por no decir todas, nos toca morir a nosotros mismos y pensar en la felicidad de nuestra pareja. Sin embargo, te digo que no solo el matrimonio te hace feliz cuando aprendes a tener a Dios como base, también la oración te dará la sabiduría.

Notas: _____

_____

Y conocerán la verdad, y la verdad los hará libres.
Juan 8:32

Dios me hizo libre

Necesitamos conocer los pensamientos de Dios, así aprendemos muchas cosas.

Hace unos cuantos años, antes de entregar mi vida por completo a Jesús, sentía muchos vacíos y necesitaba la libertad de Dios. Cuando te hablo de libertad, me refiero a que mi mente estuvo cautiva por varios años con pensamientos tristes o con desánimos en algunas ocasiones.

Debido a que fui madre soltera casi toda mi vida, aprendí a ser independiente. Tanto fue así, que no contaba siquiera con Dios. De modo que tuve que experimentar muchas situaciones que me hicieron madurar, sobre todo en Cristo.

Durante mucho tiempo viví atada a mi pasado y a mis fracasos, y no le daba la oportunidad a Dios. Entonces, al fin comprendí un día que Él es el único que da la paz que nadie es capaz de dar desde el punto de vista humano. Empecé a experimentar que Él era el que me suplía para todas mis necesidades y, además, veía su fidelidad de una manera sorprendente. Así que decidí creerle. Decidí empezar a ver las promesas que hay en la Biblia para mi vida y fue cuando en verdad Dios me hizo libre.

Quedé libre de culpas, libre de soledad, libre de envidias, libre de celos y pude declarar que vivía absolutamente feliz sola con mis hijas. Experiméntalo tú también y te sentirás libre hoy de toda amargura del pasado. Si estás solo con tus hijos o solo en este país, piensa que Dios está contigo en todo momento. Vive feliz con lo que tienes, con los que hasta ahora te ha tocado vivir. Deja de renegar y empieza a ser agradecido.

¡Se libre!

Notas: _____

_____

El Señor omnipotente enjugará las lágrimas de todo rostro,
y quitará de toda la tierra el oprobio de su pueblo.
El Señor mismo lo ha dicho.

Isaías 25:8

Dios no te ha abandonado

A pesar de lo que hacemos en nuestra manera de vivir, vemos la mano de Dios.

Naigir, un hombre de bien y buena familia, es otro amigo que tuve la oportunidad de conocer. Un día, por ambición, acepta hacer uno de esos trabajitos por dinero. Sin pensarlo dos veces, se lanza y lo sorprenden. Lo que una vez le dijera un aparente amigo: «Tranquilo, todo está fríamente calculado», se convirtió en la pesadilla de su vida. Cae preso y sin ningún familiar en Estados Unidos. Lo que era una gran ambición quizá por ganarse unos cuantos verdes, se volvió en la más horrible de las tragedias.

Al igual que Víctor, conoce de Dios en ese lugar y empieza el cambio en su vida. Su testimonio llega a mis manos con una desgarradora carta, donde me pide que llame a su hijita por la radio el día del cumpleaños. Además, me pide que no le dijera a su hija dónde estaba. Llegó el día e hicimos la llamada en mi programa radial «Buenos Días Familia». Cuando esa nena de solo ocho años de edad pasa al teléfono, escucha que es una sorpresa de su papá que dejó de ver de un día para otro hace cuatro años. Entonces se quebrantó y lloró de tal manera que todos en cabina quedamos en silencio.

¿Por qué llegar hasta el extremo de Naigir? Porque no nos conformamos con creerle a Dios. Dejemos que sea Dios el que nos provea todo lo que necesitamos. No vale la pena poner en riesgo nuestros hijos y nuestra felicidad. Recordemos que aunque Dios nos perdona, todo lo que hacemos mal tiene sus consecuencias.

Notas: _____

_____

El Señor está cerca de los quebrantados de corazón,
y salva a los de espíritu abatido.
Salmo 34:18

La gran lección de la vida

La posibilidad de conocerles a cada uno de ustedes y de escuchar sus historias, me ha dado un gran crecimiento. He visto que lo que he vivido no da ni al tobillo para lo que tienen que vivir día tras día hombres y mujeres en el mundo que están en esas horribles cárceles.

He visto de cerca el ambiente que se vive allí. Incluso, he notado la frialdad de las personas que trabajan en ese lugar y que no se conmueven ante el dolor de una madre.

No obstante, también he visto hombres y mujeres de Dios que, dejando sus familias y sus días de descanso, desempeñan el gran trabajo como «capellanes» al llevar a una sola voz la verdad de Dios a esas vidas que claman por perdón.

Gracias a cada uno de ustedes. Gracias a todos los que han dejando sus prejuicios que van a las cárceles llevando esperanza y amor a los que más lo necesitan. Me queda la enorme satisfacción de saber que hay mucho por hacer y que tú y yo podemos ser esas lámparas que se enciendan en esos lugares.

También aprendí que hoy esas personas están allá, pero a cualquiera de nosotros nos podría pasar. A cualquiera de nuestros jóvenes, esposos, esposas les podrían suceder.

En fin, no seamos indiferentes a la necesidad. Si Dios te ha inquietado a trabajar de cerca para los presos, no dejes pasar más tiempo y únete a la causa.

Notas: _____

_____

_____

Porque todo el que pide, recibe; el que busca, encuentra;
y al que llama, se le abre.
Lucas 11:10

Aprendemos cada día

Debido a que he estado por mucho tiempo en la radio, soy más sensible y tengo más conocimiento de las necesidades de los demás. Así que, mediante este devocional, quiero que veas que no eres la única persona que sufre, se siente sola o enferma. Y que cuando clamamos por ayuda, Dios no nos deja esperando.

En días pasados, le pedíamos al Señor que nos permitiera tener más misericordia por los demás. Ahora, esas necesidades han hecho eco en mí. Y solo le pido a Dios que nos haga sensibles y sigamos aprendiendo de estas lecciones de vida.

En menos de una hora de programa radial, dos personas se pusieron en contacto con la cabina para informarnos que sus vidas eran un desastre. Coincidían en que conocen de Dios, pero que no es suficiente y claman por la ayuda de un consejo.

Recuerdo a Aurora que me llamó desesperada diciendo: «Claudia, estoy mal. Me siento muy mal de salud. Mi esposo es alcohólico y tengo cinco hijos». Cuando atendí su llamada y le hice algunas preguntas, me dijo que debido a tanto trabajo se ha alejado de Dios. Los domingos está tan cansada que prefiere no ir a la iglesia. Por lo tanto, mi reflexión fue: «Estando en necesidad, te acuerdas de Dios. Entonces, ¿por qué no cambias tus prioridades y le das el primer lugar a Dios?». También le dije: «Te aseguro que si le das el primer lugar a Dios, Él enderezará tus caminos».

¿Estás tú en esa misma situación? ¿Estás tan ocupado en tus cosas que no buscas de su instrucción? Invierte tus prioridades y nunca te arrepentirás.

Notas: _____

_____

_____

Bendito el hombre que confía en el SEÑOR, y pone su
confianza en él. Será como un árbol plantado junto al agua,
que [...] nunca deja de dar fruto.
Jeremías 17:7-8

Cada día es una oportunidad

Hoy es tu oportunidad de servir a alguien. La historia de ayer es tan verídica como la que te cuento hoy. Hace un año, leíamos el devocional *A los pies del Maestro*, de Charles Spurgeon. Fue una tremenda bendición para muchos de nosotros.

En uno de esos capítulos, el autor nos hablaba de que debemos estar gozosos donde estemos, ya sea en grandes trabajos o en sencillos. Que debemos aprovechar cada posición en la que Dios nos permite estar, no solo en el trabajo, sino en nuestra vida en general. Además, que debemos entender que Él lo permite porque allí aprenderemos y cumpliremos ese propósito. Luego de leer esa reflexión, empezamos a ver que no debemos quejarnos. Que nos debemos levantar agradecidos y felices aunque no nos guste los que hacemos. Que Dios ve nuestro corazón y que nuestra actitud es determinante en la vida. No pasaron ni cinco minutos cuando nos escribió Edgar diciendo: «¿Qué hago yo que no me quiero levantar porque no me gusta ir al trabajo que tengo? ¿Cómo sé que Dios me está llamando?». Y esta quizá sea tu pregunta hoy: «¿Para qué voy para mi casa si no soy feliz?». Lo que sí te puedo decir es que debemos ser fieles en todo, aunque lo que vivamos no sea lo que deseamos.

¿Quieres un mejor trabajo? Empieza siendo fiel por este que no te gusta y cambia tu actitud. Dios es el único que conoce tu corazón y podrá manifestarse en tu vida. Él está listo para bendecirnos y darnos lo mejor a cada uno de nosotros que somos sus hijos. ¡Hoy es tu oportunidad!

Notas: _____

_____

*El gran amor del SEÑOR nunca se acaba, y su compasión
jamás se agota. Cada mañana se renuevan sus bondades;
¡muy grande es su fidelidad!*
Lamentaciones 3:22-23

Oración por una actitud diferente

Dios mío, en ti confío. A esta hora quiero pedirte perdón por mi mala actitud ante las diferentes situaciones de la vida. Confieso que me he levantado muchas veces renegando contra ti. Que he comenzado el día que me regalaste quejándome y hasta maldiciendo. Perdóname porque te he culpado por mis equivocaciones.

Oh, Señor, hoy he comprendido que esa no es la actitud que te agrada ni la actitud que trae bendición a mi vida. He entendido que debo ser fiel en lo poco y tú me respaldarás. También he recordado que el gozo y la gratitud me deben acompañar todos los días de mi vida.

Y sabiendo que esto que estoy viviendo hoy es temporal y que lo permites con un propósito, porque deseas enseñarme, capacítame para pasarme a otro nivel. Me dispongo a esperar confiadamente en ti y me comprometo en este día a cambiar mi actitud.

Gracias, mi Dios, por tu amor y por tu misericordia que es nueva cada mañana.

Amén y amén.

Notas: _____

_____

Pero el Señor es fiel, y él los fortalecerá
y los protegerá del maligno.
2 Tesalonicenses 3:3

Día de dar gracias

Sé que no todos nuestros días deben ser de peticiones y que no debemos buscar a Dios solo para obtener algo a cambio.

Es una tremenda terapia acostumbrarnos a darle gracias todos los días mientras tengamos vida. Comprendo que para muchas personas ser agradecidos les resulta demasiado difícil.

Pues así como para obtener fe necesitamos ejercerla, que es similar a un músculo en el gimnasio, debemos acostumbrarnos a abrir la boca y contar en público todas las maravillas de Dios.

Sé que ese testimonio dará esperanza al abatido.

Mucha gente está en este mundo sin la experiencia de tener a Jesús en el corazón. Nuestro testimonio puede hacer que el incrédulo cambie su manera de pensar.

Por lo tanto, hoy le doy gracias al Señor por estar viva, por sanarme hace casi cuatro años. Le doy gracias por mis princesas, por el esposo que reservó para mí, por mi trabajo, por mis talentos, por la posibilidad de escribir este libro inspirado por Él y también le doy gracias por mi familia.

Y tú, ¿qué esperas? Ahí donde estás abre tu boca y dile a Dios todo lo que por años has dejado de valorar. Además, pon en esta oportunidad toda tu confianza en Él.

«Gracias, Dios mío, gracias».

Notas: _____

_____

Doy gracias a mi Dios cada vez que me acuerdo de ustedes.
En todas mis oraciones por todos ustedes,
siempre oro con alegría.
Filipenses 1:3-4

Gratitud por alguien maravilloso

Estos días que venimos hablando de cambiar nuestras actitudes, de ser agradecidos con Dios, de aprender a ser fieles en lo poco, tú y yo hemos conocido personas en nuestra vida que han sido de gran bendición.

Quizá se trate de esa persona que te habló de Jesús, que te llevó por primera vez a una iglesia o te regaló algo especial que nunca olvidaste.

Hoy quiero que recordemos por lo menos a una persona que nos haya bendecido. A ese primer jefe que nos dio una oportunidad de trabajo sin tener papeles al día o aun con la barrera del idioma. Nunca debemos olvidar lo que han hecho por nosotros. Esa primera persona que creyó en ti y te dio un auto, o en un momento de mucha necesidad, te sorprendió con un dinero.

Sabes que Dios está en medio de estas situaciones. Muchos dirán que son casualidades, otros dirán que son ángeles que manda Dios. Yo las llamo la «providencia de Dios».

¿Qué tal si hoy tratamos de encontrar a por lo menos una de esas tantas personas a las que te gustaría honrar y que hace mucho tiempo no buscas? Tomemos el teléfono y sorprendámoslas con unas lindas palabras de gratitud. O si sabes dónde vive, conmuévela con una visita. Y si esa persona partió de este mundo, levanta una oración de agradecimiento por ese alguien maravilloso.

Notas: _____

_____

Dichosos más bien [...] los que oyen la
palabra de Dios y la obedecen.
Lucas 11:28

La bendición

Cada instante que vivimos es una bendición.
Cada vez que despertamos es una bendición.
Cada enseñanza que nos da la vida es una bendición.
Cada experiencia que vivimos es una bendición.
Encontrar el amor y recibir el amor es una bendición.
Cada tropiezo es una bendición porque nos acerca más a Dios.
Conocerle cada día es una bendición.
Cada vez que triunfo es una bendición.
Aun así, la mayor bendición es haber conocido a Jesús y tener vida eterna.
Estas son algunas de las cosas en las que puedes ver la mano de Dios cada día de tu vida.
¡Déjate sorprender por Dios!

Notas: _____

_____

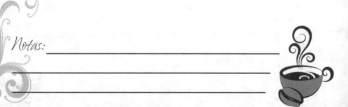

No temas, porque yo estoy contigo; no desmayes,
porque yo soy tu Dios que te esfuerzo; siempre te ayudaré,
siempre te sustentaré con la diestra de mi justicia.
Isaías 41:10, RV-60

Tú la mereces

En muchas ocasiones, las personas pueden pensar que las bendiciones de las que hablábamos en el devocional anterior no son realidad en sus vidas. Piensan que la felicidad, el éxito y el reconocimiento son para otras personas, no para ellas.

Se pasan la vida pensando y creyendo que los milagros son cosas del pasado.

Y aunque a menudo nos hablen de que el Señor quiere bendecirlas, no le creen a Dios.

En tu caso, quizá no puedas creer que por tus errores del pasado, tus faltas y tu manera de haber vivido, Dios pueda acordarse de ti. Es más, si estás alejado, si lo que has vivido en los últimos tiempos sabes que no está bien delante de Dios, se te hace muy difícil creer que Dios te quiere perdonar.

Por favor, necesitas entender que todos somos importantes para Él. Que no importa tu falta, pues hoy mismo, sí quieres, te puedes reconciliar con tu Padre Dios.

Entonces, el que es lento para la ira y grande en misericordia extenderá sus brazos y te dará el perdón que buscas. Te dará una nueva oportunidad para ser feliz y llenarte de bendiciones.

Hoy, aparte de reconciliarte con tu Dios, busca una Biblia. Si no tienes una, cómprala. Luego, cuando llegues a ese momento tuyo con Dios, pídele que te muestre las promesas que dejó para ti y para mí. Dicen los que saben que son más de treinta y tres mil promesas.

Te dejo hoy con una. Así que guárdala y atesórala en tu corazón.

Notas: _____

_____

La exposición de tus palabras nos da luz,
y da entendimiento al sencillo.
Salmo 119:130

El Manual de Instrucciones

Este es el libro inspirado por Dios que nos ayuda a conocer cómo nuestro Dios creó este mundo. Además, nos muestra todo lo que Él hizo por nosotros al enviar a su único Hijo Jesucristo para que muriera por ti y por mí a fin de perdonar nuestros pecados.

A través de este maravilloso libro, Dios nos instruye para ser sabios, vivir una vida que le agrade y, de ese modo, hacer su voluntad. Cuando leemos este Manual, podemos conocer que Él es el mismo ayer, hoy y siempre.

Este es el libro más editado y más perseguido. Han tratado de acabarlo, lo han vituperado, y aun así, se mantiene vigente e incólume. A pesar de su antigüedad, sus enseñanzas no pierden vigencia. Siempre aconseja el bien y no el mal. En la literatura no hay otro libro más excelente que este. En todas las casas, escuelas, hospitales, hoteles y cárceles se encuentra siempre... «La Biblia». No tienes que ser un erudito para entenderla, porque es el mismo Dios el que te la revela y te guía.

Mi motivación para ti hoy es que también la tengas como parte de la formación de tus hijos. Enséñales a leerla, y si son niños pequeños, acostúmbralos a leérsela antes de ir a dormir. Con el tiempo entenderás el tesoro que estás sembrando en sus corazones y en sus vidas.

La Biblia está al alcance de todos, desde Génesis hasta el Apocalipsis.

Notas: _____

_____

Con tus manos me creaste, me diste forma.
Dame entendimiento para aprender tus mandamientos.
Salmo 119:73

Oración por entendimiento

Gracias te doy, Dios mío, porque aunque sea un lector de tu Palabra y me beneficie de sus enseñanzas, hoy, Padre, quiero pedirte por las personas que no te conocen. Quiero pedirte por las personas que tal vez ahora han sentido un gran deseo de empezar a buscar de ti, de conocer más de tu Palabra.

Te pido, Señor, que les des la facilidad de buscar y encontrar una Biblia.

Y, Dios mío, que cuando la encuentren, hallen verdadera revelación y puedan convertirla en un manual de vida y de conocimiento.

Abre sus mentes y prepara sus corazones para recibir todo lo que ya les tienes preparado desde la eternidad.

Gracias, Dios mío, por haberte inspirado y haber dejado esa maravillosa escuela de vida. También te agradezco que muchos conocerán la Palabra y la Palabra los hará libres.

Te amo con todo mi corazón.

Amén y amén.

Notas: _____

_____

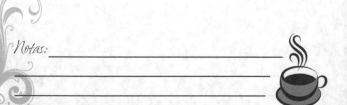

Tu amor me ha alegrado y animado mucho porque
has reconfortado el corazón de los santos.
Filemón 1:7

¡Feliz!

Hoy deseo para ti y todos los tuyos un día muy especial. ¿Recuerdas cuándo fue la última vez que salieron de tu boca palabras de afirmación por alguien o cuándo le dijiste a esa persona que tanto amas que te equivocaste?

A veces no es solo una palabra tuya la que le dará felicidad. También lo hará una sonrisa a tu esposa, a tus hijos o a tus compañeros de trabajo.

Ya sabes lo significativo que es dar un abrazo al que hoy se siente solo o triste.

Da de lo mucho que tienes. No te conformes con ser feliz tú solo.

Extiende tu felicidad a otros y muéstrales ese Dios vivo que está en ti.

Notas: _____

_____

Aunque un ejército acampe contra mí,
no temerá mi corazón; aunque contra mí
se levante guerra, yo estaré confiado.
Salmo 27:3, RV-60

¿Por qué terminar en crisis?

Sé que es muy común escuchar que personas atormentadas por sus problemas, por situaciones desesperantes de economía, celos, por estar ilegal en este país, y muchas otras situaciones que tú y yo conocemos, llegan a un punto tal de crisis que hasta quieren dejar de existir. A menudo, prefieren huir de sus problemas desahogándose en el alcohol o las drogas y no afrontan una realidad dolorosa. Aun así, esta manera de escapar de la realidad es temporal, pues no podrás estar siempre drogado ni tomado. Vas a tener momentos de lucidez, donde estarán presentes de nuevo esas preocupaciones.

Es lamentable, pero muchos llegan a la decisión más cobarde, y valiente a la vez, de quitarse la vida. Entonces, ¿qué pasa cuando escuchamos que alguien con mucho dinero, propiedades, trabajo, fama y todo lo que al parecer llena a un ser humano también entró en crisis y siguiendo el mismo cuadro anterior también termina quitándose la vida?

La gran conclusión es que no importa el dinero que tengas, ni los títulos universitarios, ni las posiciones en un trabajo, ni la familia, ni la mucha fama. Si no tienes a Dios en tu corazón por medio de Jesucristo, siempre estarás buscando cómo llenar ese vacío.

No permitas que la crisis se plante en tu vida. Sin duda, llegarán tormentas y problemas. Sentirás que no puedes más, pero cuando pones tu mirada en Dios y le entregas toda esa carga pesada, empezarás a sentir un alivio, un descanso, y verás que ya no estás solo. Si has tenido este tipo de situaciones, pídele perdón a Dios y sigue adelante.

Notas: _____

_____

*Ciertamente les aseguro que si el grano de trigo no cae
en tierra y muere, se queda solo.
Pero si muere, produce mucho fruto.*
Juan 12:24

Deja que Dios sea tu todo

Cuando le das la oportunidad a Dios de ser tu «TODO», créeme que puedes vivir más confiado y más tranquilo. Nosotros estamos viviendo tiempos muy complicados. La misma Biblia lo dice y no miente. Si la lees con detenimiento, verás que todo se ha ido cumpliendo. Estamos viviendo los tiempos finales y lo que debemos tener presente es que no se van a mejorar. Cada vez va a haber más guerras, terremotos, desastres, hambrunas, plagas y las personas tendrán mucha necesidad de conocer de Jesús. Estamos en tiempos donde a lo malo llaman bueno, donde se levantan falsos profetas que vienen solo a confundir y donde persiguen a muchos por proclamar la Palabra de Dios.

¡Vaya, qué difícil es imaginarse esto! Aun así, hay que pensarlo. Por eso es que hoy te digo que es un riesgo vivir sin Dios en nuestro corazón. No podemos vivir como llaneros solitarios pensando que somos tan autosuficientes que controlamos el mundo.

No podemos seguir con esos aires de que nosotros controlamos la vida, cuando en realidad no controlamos nada. Con mucho esfuerzo algunos tienen domino propio y disciplina como para creerse la última Coca-Cola del desierto.

¿Cómo le rindes tu vida a Dios? Reconociéndolo en todos los caminos y dejando que Él sea el conductor de tu vida. Muere al «YO» y darás fruto.

Notas: _____

_____

Pon tu esperanza en el SEÑOR; ten valor, cobra ánimo;
¡pon tu esperanza en el SEÑOR!
Salmo 27:14

Oración para que Dios sea mi «Todo»

Padre nuestro que estás en el cielo, hoy busco tu presencia porque he entendido que mi vida sin ti no tiene sentido.

Necesito tu ayuda a fin de poder rendirlo todo a ti. Entiendo que al entregarte mi vida estoy ganando y que al morir a mi propio yo, tú podrás empezar a hacer cambios en mi vida y en mi manera de actuar. De ese modo, Padre, me preparas para tener el carácter de tu Hijo Jesucristo y me fortaleces en ti.

Si veo las noticias o leo la Biblia, en verdad reconozco que la vida se torna cada vez más complicada y yo te necesito.

Quiero dejar de actuar en mis fuerzas y deseo entregarme por completo a ti.

Dios mío, reina en mi vida y en mi corazón. Permite que empiece pronto a dar frutos y a ser un ejemplo a seguir para mi familia, mis amigos, mis compañeros de trabajo y hasta para los que no me conocen.

Renuncio a mi manera antigua de pensar y me dispongo a conocerte cada día más y así poder hacer su voluntad.

Amén y amén.

Notas:

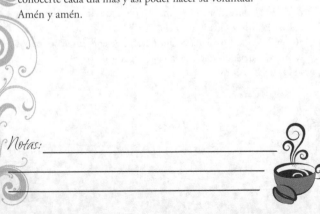

Cuídame como a la niña de tus ojos; escóndeme,
bajo la sombra de tus alas.
Salmo 17:8

¡Suéltate!

¡Oye, sí, suéltate! ¿Sabes por qué te lo aseguro hoy? Porque en estos días hemos meditado que nuestra vida debe depender de manera exclusiva de Dios. Así que por experiencia te digo que muchas veces en las que me he propuesto cambiar, que he creído entregar todas mis luchas y debilidades a Él, vuelvo a caer en la desconfianza y en la lucha contra mis propios recursos. Sé que no es fácil porque es una tendencia humana.

Entonces, una vez que tomas una decisión firme, nuestro mismo Dios nos fortalece.

Soltarse en las manos del Maestro trae muchos beneficios. Por eso te dejaré ver algunos para que refuerces tu oración.

Primero, serás obediente, ya que Dios dice en su Palabra: «Vengan a mí todos ustedes que están cansados y agobiados, y yo les daré descanso» (Mateo 11:28).

Segundo, tendrás descanso, pues no te encargarás tú de llevar tus preocupaciones.

Tercero, no tendrás que preocuparte por el diario vivir, ya que cada día trae su propio afán.

Y, por enumerarte uno más, Dios te dice que si Él se preocupa por los lirios del campo y por dar de comer a las aves del cielo, ¿cómo no cuidará mejor de sus hijos? (véase Mateo 6:25-34).

Y esos somos tú y yo: «Hijos de Dios» con privilegios y con derechos.

Notas: _____

_____

Cumplan su tarea con alegría y sin quejarse,
pues el quejarse no les trae ningún provecho.
Hebreos 13:17

¡Y nos quejamos!

Hace unos meses, en una de esas oportunidades que nos da la vida, conocimos a un hombre muy especial que nos llenó de enseñanzas y admiración.

Su nombre es Fredy y nació en Colombia. Se nos acercó y con mucho respeto dijo en inglés: «Flores para la dama». De inmediato, cautivó mi atención, la de mi esposo y mis princesas, pues este hombre vendía rosas desde su silla de ruedas. Sin embargo, no era solo una persona con una incapacidad de sus piernas, sino también de sus brazos y manos. Con todo, nada de eso ha sido impedimento, pues hace ya seis años que se dedica a este oficio.

Fredy nos dejó muy conmovidos por su alegría, su seguridad al hablarnos y una paz en su rostro que en pocos segundos nos mostró que todo lo que tiene es porque se lo ha dado Dios. Que a pesar del tiro que recibió en su cuello hace ya varios años y que lo dejó en una silla de ruedas, nunca se ha dado por vencido. Hoy en día vive de la venta de rosas en la bella ciudad de Homestead.

Nos dijo: «Yo no le fallo a mi Dios en la asistencia a la iglesia, ni al dar mis diezmos y mis ofrendas, y por eso me va bien en todo».

¡Impresionante! En verdad, fue una lección para cada uno de nosotros. Pudimos ver que aunque tiene grandes limitaciones, ya que no puede casi ni usar sus manos y contesta el teléfono con su lengua para presionar las teclas del celular, se le ve en paz y feliz.

¿Y tú y yo que estamos bien y sin limitaciones por qué nos quejamos?

Notas: _____

_____

Y ahora, Señor, ¿qué esperanza me queda?
¡Mi esperanza he puesto en ti!
Salmo 39:7

Hay esperanza

Tal como le sucedió a Fredy, nuestro amigo del devocional de ayer, la vida lo sorprendió. De un día para otro, cambió su vida. Por robarlo recibió ese disparo que le cambió su condición física. Y a lo mejor esto te pasó a ti. Tienes una condición similar y quizá se deba a un accidente, una enfermedad o una incapacidad de nacimiento que cambió tu vida por completo.

¿Estamos preparados para afrontarlo? ¿Cómo sería nuestra reacción emocional? En la mayoría de los casos, estas grandes calamidades nos hacen más sensibles, nos motivan a buscar más de Dios, a pedirle ayuda y, por qué no, un milagro.

Por alguna razón que no tengo respuesta, Dios en algunos casos obra con milagros impresionantes. Sin embargo, en otra gran cantidad de ocasiones no hay sanidad física.

Conozco casos cercanos, incluso en mi familia, donde he podido ver que Dios ha dejado seres muy queridos para mí con sus limitaciones. A pesar de eso, sé también que no es casualidad que esas personitas a quienes quiero tanto Dios las haya levantando en lo espiritual de una manera única y hoy en día son grandes líderes. Su fe y sus testimonios han acercado a más de uno a los pies de Cristo.

A decir verdad, siempre hay esperanza. No sé cuál sea tu limitación, ni cuál fue esa situación que cambió tu vida para siempre, pero recuerda que Dios tiene un propósito con tu vida y serás de apoyo para otros que viven, o vivirán, lo mismo que tú y podrás ayudarles al testificarles del amor de Dios.

Notas: _____

_____

_____

Sean fuertes y valientes. No teman ni se asusten [...]
pues el SEÑOR su Dios siempre los acompañará;
nunca los dejará ni los abandonará.
Deuteronomio 31:6

Nuestra identidad está en Dios

Estos días venimos reflexionando en cómo la vida nos puede cambiar y de qué manera en diferentes personas la vida es aún bella, cualquiera que sea su condición, pues encontraron su identidad en Cristo.

Esta es mi reflexión para cada uno de nosotros: Aunque tengamos en nuestro cuerpo marcas de accidentes, defectos físicos o cualquier cosa que nos haga sentir diferentes a los demás, debemos entender que Dios nos ama igual. Si Él permitió que llegaras a este mundo, no eres una equivocación, ni eres un estorbo, aunque personas sin sentimientos algún día te lo hayan dicho o te hayas sentido despreciado y rechazado. Quiero reafirmarte hoy que no eres algo que se escapó del control de las manos de Dios y que Él no está al tanto de cómo te sientes.

Tú debes aceptarte hoy como eres. Debes quererte como eres y tener muy claro que eres un hijo de Dios. Tu identidad está en Él. A pesar de tus limitaciones, Dios es el que te ama de manera incondicional, te defiende y te protege. Nunca te rechazará ni te abandonará. Cuando entiendes esto y lo llevas de tu corazón a tu mente, cambia la manera de verte y de comportarte. Así que no olvides que hay miles de valientes que incluso con su impedimento son deportistas, cantantes, artistas, predicadores, bailarines, comunicadores, padres y madres de familia, maestros, profesionales en todas las ramas, y que se han destacado aun más que una persona con todas sus capacidades. ¡Anímate! No te eches a morir. Dios te necesita y el mundo espera por otro valiente como tú.

Notas: _____

_____

_____

¡Cuán precioso, oh Dios, es tu gran amor!
Todo ser humano halla refugio a la sombra de tus alas.
Salmo 36:7

Oración por aceptación

Hoy busco tu rostro, Dios mío, porque he entendido que mi identidad está en ti. Que no importa la condición física que tenga, pues tú me aceptas y me amas.

Así que debo empezar por aceptarme a mí mismo, ya que solo con tu ayuda lograré ser capaz de salir de esta ansiedad, esta tristeza y esta inconformidad por haber quedado con limitación o por la de algún ser querido.

En este día me declaro aceptado, amado, respetado, valorado y querido.

Además, pongo mi vida completa en tus manos, sabiendo que cuidas de mí y me cubres con tus alas de amor.

Ayúdame a desarrollar el carácter de tu Hijo y a vivir aceptando los propósitos que tienes para mí.

Te pido, mi Dios, que sanes mi alma, me limpies de toda falta de perdón y me uses como un ejemplo a seguir. Permite que mi vida sea de testimonio para cada uno de mis familiares, mis amigos y de todas las personas para las que mi vida pueda servir de influencia. Gracias por tu misericordia que es nueva cada día.

Amén y amén.

Notas: _____

_____

_____

Tú, SEÑOR, me llenas de alegría con tus maravillas;
por eso alabaré jubiloso las obras de tus manos.
Salmo 92:4

Testimonio

Le doy muchas gracias a Dios porque este libro lo disfruto tanto como tú. En estos meses de preparación acelerada del devocional, Dios me llenó de tantas vivencias y testimonios que me permitieron definitivamente su terminación. Durante este año, no solo podré hablarte de mi vida y lo que ha hecho Dios, sino también de lo que he podido crecer con los testimonios de muchos de mis oyentes.

Mi esposo, Edgar, conoció una pareja que es fiel oyente de «Buenos Días Familia». Muy contentos por conocerle, le dijeron cómo las oraciones y los mensajes que Dios ha depositado en mi corazón sirvieron, en un momento determinado de sus vidas, como una inyección espiritual que se convirtió en esperanza de vida.

Al hermano de esta oyente dominicana lo trasladaron a Colombia para realizarle un trasplante de médula ósea. Entonces, como era oyente en Miami, una vez terminada su operación y al iniciar su recuperación, pidió seguir escuchando las oraciones vía Internet. Aun sin poder moverse y en los momentos de dolor, esta radio y esta voz fueron instrumentos de nuestro Dios.

Me sentí tan feliz que dije: «Dios mío, quizá nunca podré saber en cuántas personas lograremos influir con solo hablar de una verdad tan hermosa que es tu amor y el regalo de tu salvación».

Gracias le doy a Dios porque aunque muchos tal vez crean que yo desarrollaría mejor mi talento en otro medio de comunicación, quizá con más dinero y menos sacrificios, nunca me he arrepentido de haber dejado la radio secular. Por eso, mi testimonio es que han sido diez años, la mitad de mi carrera radial, llenos de satisfacciones.

Notas: _____

_____

Porque hemos buscado a Jehová nuestro Dios;
le hemos buscado, y él nos ha dado paz por todas partes.
Edificaron, pues, y fueron prosperados.
2 Crónicas 14:7, RV-60

No menosprecies tu llamado

Muchos somos los que dedicamos nuestra vida a tiempo completo en el servicio a Dios. Hay quienes lo hacen en un medio de comunicación, una escuela o una iglesia. Otros lo realizan como pastores, líderes, cantantes, etc. Incluso, hay quienes son farolitos alumbrando el amor de Dios. Por mencionarte algunos casos, veamos algunas personas muy reconocidas y queridas por todos nosotros:

• Fernando Arau, un tremendo humorista en «Despierta América», de la cadena Univisión, y líder junto con su esposa de un grupo de apoyo a matrimonios.

• Yuri, presentadora de «Noche de Estrellas» por Univisión. Además, dedica su vida en el apoyo a su esposo, Rodrigo Espinosa, pastor de una iglesia de más de trescientos miembros en el Distrito Federal.

• Nuestro presidente del Grupo Génesis, el pastor Edwin Lemuel Ortiz, dueño de las estaciones La Nueva 88.3 y La Nueva 90.9, en Miami. Por más de quince años, la hermosa voz principal de la cadena Univisión.

• Nuestro Ernesto Suazo no solo es pastor y presentador por varios años del programa de «La Nueva» *El Top 20*, sino que también es una de las voces destacadas de la cadena Telemundo.

Y así te podría nombrar a miles de personas que Dios coloca como faros en diferentes lugares. Allí, de una manera única, llevan la Palabra de Dios a personas que nosotros nunca podríamos alcanzar. No menosprecies tu llamado, ni menosprecies el llamado de los demás.

Notas: _____

_____

_____

No juzguen, y no se les juzgará. No condenen, y no se les condenará. Perdonen, y se les perdonará [...] Porque con la medida que midan a otros, se les medirá a ustedes.
Lucas 6:37-38

Dile «no» a la crítica

Como humanos, somos muy dados a la murmuración y la crítica. Es triste, pero entre nosotros mismos somos más fuertes en nuestras apreciaciones y comentarios.

Muchas veces he escuchado cómo critican a quienes hacen una labor de tanto valor como ciertas personas que mencioné en el devocional de ayer.

Creemos que porque se desenvuelven en un mundo secular, merecen estas críticas, muchas veces injustas, sin saber que a lo mejor estén haciendo más obra que tú y que yo.

Me vienen a la mente otros dos grandes seres humanos:

Ricardo Montaner, quien no solo a donde va proclama quién es Jesucristo en su vida, sino que ha grabado temas cristianos. En la actualidad, tiene ministerios en los que ayuda a los niños con condiciones especiales.

¿Y qué me dices de Juan Luis Guerra? Aunque está constantemente en sus presentaciones, siempre le da el reconocimiento a Dios en su vida. Además, se encuentra en una de las mayores iglesias de República Dominicana.

Si esto no es cumplir la misión, ¿qué esperamos de la vida?

Paremos la crítica y más bien preocupémonos por lo que tú y yo estamos haciendo por el conocimiento de la Palabra. Es más, reflexiona en esto hoy: ¿Cuándo fue la última vez que le hablaste a alguien de Jesús?

Notas: _____

_____

_____

El Señor afirma los pasos del hombre cuando le agrada
su modo de vivir; podrá tropezar, pero no caerá,
porque el Señor lo sostiene de la mano.
Salmo 37:23-24

Que la crítica no te desenfoque

Hoy vamos a ver la otra parte, la crítica que no te deja vivir, que no te deja tomar decisiones importantes por pensar en el que dirán. En cosas que dejamos de hacer para que no nos critiquen.

Si te identificas con esta breve introducción, quiero que sepas que el más criticado y el más señalado fue Jesús.

Nosotros debemos entender que siempre existirá la acción de la crítica, pues muchas personas te pueden criticar por envidia. La crítica bien manejada puede ser constructiva y te puede ayudar a corregir cosas en las que tal vez estés fallando.

No obstante, nuestra vida no puede estar solo pendiente de a quién le gusta o quién le parece lo que hacemos o dejamos de hacer.

A veces necesitamos que nos aprueben y la crítica es casi un estilo de vida.

Mi consejo en este día está dividido en dos:

1. La crítica constructiva es importante para evaluar lo que estamos haciendo y no debemos despreciarla. Y, como dice la Palabra de Dios, de lo que te digan saca lo bueno y desecha lo malo: «Examinadlo todo; retened lo bueno» (1 Tesalonicenses 5:21, RV-60).

2. No vivas del que dirán, y esto se ajusta a cualquiera que sea tu ocupación. Recuerda que nunca le caeremos bien a todo el mundo y que a todas las personas no les gustará lo que hacemos en la vida. Por lo tanto, enfócate en hacer lo que Dios te aprueba y no te desenfoques.

Notas: _____

_____

No juzguen a nadie, para que nadie los juzgue a ustedes.
Porque tal como juzguen se les juzgará.
Mateo 7:1-2

Oración por madurez espiritual

¡Padre nuestro que estás en los cielos! Acudo a ti porque me he dado cuenta que con mis palabras y con mis comentarios muchas veces he ofendido y herido a otros.

Dios mío, deseo ser una persona más espiritual sin caer en el fanatismo. Guíame a fin de que, cuando vea o escuche cosas que no me gustan o no me parezcan bien, no sea quien levante ni una palabra en contra de nadie.

Si me has perdonado y me has aceptado como soy, ¿quién soy yo para juzgar a los demás?

Te pido que me des la oportunidad de cambiar y poder ser sabio y prudente.

Enséñame a medir las consecuencias de mis palabras y pon en mí misericordia por los demás. También ayúdame a comprender que cuando señalo a alguien, hay otros cuatro dedos señalándome a mí.

Te amo y te necesito.

Amén y amén.

Notas: _____

_____

_____

El Señor te guiará siempre; te saciará en tierras resecas,
y fortalecerá tus huesos. Serás como jardín bien regado,
como manantial cuyas aguas no se agotan.
Isaías 58:11

Tiempo de dar gracias

Este mes de marzo es muy significativo para mí, pues fue cuando comencé varias de las cosas que hoy celebro con este devocional. Por mencionar algunas de las tantas cosas que le agradezco a Dios: Hace veintitrés años que llegué a vivir en este país y hace veinte años que inicié mi carrera en la radio.

Quiero motivarte a que traigas a tu memoria todo lo que te ha dado Dios.

Que puedas hoy, al comenzar tu día, dar gracias por tu vida, por tus hijos, trabajo, salud, por todo.

Sé que la vida no ha sido fácil para ninguno de los que hoy leemos este libro. Tuvimos que salir de nuestros países y pasar por muchas necesidades. No obstante, cuando miramos y analizamos nuestra vida, de seguro que Dios nos ha guardado, nos ha bendecido, nos ha dado más de lo que esperábamos.

Y si tú dices: «Bueno, será para ella que le ha ido bien, pues yo aún no he logrado lo que quiero. Mi situación en este país ha ido de mal en peor. Aquí terminó mi matrimonio. En este lugar perdí a un hijo». Cualquiera que sea tu situación, no quiero que te desanimes, por favor.

En mi caso, valoro mucho más las cosas cuando se logran de manera difícil. No se trata de que sea masoquista, sino porque cuando las cosas mejoran, podemos ver la mano de Dios en cada una de ellas. Por eso, es tiempo de dar gracias y creerle a nuestro Padre celestial. Cuando le entregamos nuestras preocupaciones por completo, nuestro panorama cambia porque Él es fiel.

Notas: _____

_____

*Busquen primeramente
el reino de Dios y su justicia.*
Mateo 6:33

Alimenta a la familia

Cuando hablo de alimentos, no me refiero a que seas un magnífico proveedor en tu casa. Es obvio que eso es lo que debes hacer como cabeza del hogar, aunque seas madre soltera. Con todo, analiza lo que dice el Manual de Instrucciones: «No solo de pan vivirá el hombre» (Lucas 4:4, RV-60).

Así que me refiero a cómo estás alimentando a tu familia desde el punto de vista espiritual. Lo que hagas por tus pequeños, marcará su vida cuando sean adolescentes y adultos.

En estos tiempos tan difíciles, nunca ha sido más importante que comiences a implementar en tus hijos hábitos de oración, lectura bíblica y la búsqueda de una iglesia en la que puedan aprender a conocer de verdad a Dios y lo que Él hizo por cada uno de nosotros. Es posible que me digas: «Pero como yo trabajo siempre, los fines de semana no tengo tiempo para ir a la iglesia y por las noches estoy tan cansado que tampoco tengo tiempo de orar con mis hijos, mucho menos crear en ellos el hermoso hábito de leer la Biblia».

Nunca es tarde para empezar, pues nuestros hijos necesitan conocer de Jesús. Esto los guardará de muchas cosas en la vida.

Ir a una iglesia no es fanatismo, sino que es un deber y a su vez es protección para ellos. Aun así, el ejemplo comienza por nosotros mismos.

De la misma manera que sea tu relación con Dios, asimismo será la de tus hijos con Él, ya que eres su ejemplo a seguir.

Comienza a dar el ejemplo hoy y cosecharás vidas victoriosas en ellos. Sin importar la edad que tengan... ¡comienza ya!

Notas: _____

_____

Instruye al niño en su camino, y aun cuando fuere
viejo no se apartará de él.
Proverbios 22:6, RV-60

Madres, debemos ser el mejor ejemplo

Los próximos días quiero que nos enfoquemos en nuestra condición de madres, pero hombres, no se vayan que esto les conviene leerlo.

Dios nos escogió a las mujeres para tener el privilegio de ser madres y nos dio el maravilloso regalo de disfrutar del embarazo, para luego realizar la linda pero difícil tarea de criarlos.

Sé que esta posición de madre es muy fuerte. Desde niña, siempre escuché que madre solo hay una y es verdad. Mamás, nuestro papel es fundamental en la vida de nuestros hijos. Lo que enseñes y hagas por ellos marcará sus vidas para siempre.

La Palabra de Dios está repleta de consejos valiosos. Solo para que lo compruebes, dale una leída al libro de Proverbios y ahí hallarás sabiduría para disciplinarlos y entenderlos.

No te des por vencida. Por más difícil que sea educarlos y formarlos, Dios nos ha dado el mejor secreto para tener hijos espiritualmente saludables al decirnos que los instruyamos en su camino.

NO malcriemos a los hijos... muchas por pereza no los disciplinan y ya sabes lo que pasará: Te avergonzarán en público.

NO desautorices a tu esposo o padre de tu hijo cuando lo está disciplinando.

NO lo consientas en exceso, porque será después incontrolable.

NO les des todos los gustos, a fin de que valoren lo que con esfuerzo les das.

NO te apartes de los caminos de Dios, pues de Él viene la sabiduría.

Notas: _____

_____

Hijo mío, si tu corazón es sabio,
también mi corazón se regocijará.
Proverbios 23:15

Padres, apoyemos a nuestros hijos

Hombres y mujeres que están hoy listos a leer este devocional, también les convienen que sepan lo que espera Dios de los padres.

Padres, asuman con autoridad el ser como dice Dios la cabeza y el sacerdote del hogar.

Eso significa que debes tener una relación con Dios, de modo que seas la parte más importante de esa casa. Si no asumes tu posición, las mujeres con carácter fuerte tomarán la tuya y estarás en desventaja y fuera del orden de Dios.

Papi, tú eres el proveedor. Tú eres a quien Dios creó para que mantengas tu hogar y seas un excelente administrador del mismo. Claro, si tu esposa está trabajando, las cosas entre los dos serán más fáciles. Sin embargo, ante Dios el que tiene la autoridad tiene la responsabilidad.

NO le des mal ejemplo a tu hijo para que no te avergüence.

NO te entregues cien por cien a tu trabajo o actividades de tu ministerio, a fin de que tengas tiempo para tus hijos.

NO olvides que tu primer llamado es tu familia y Dios te pedirá cuentas al respecto.

NO te apartes de los caminos de Dios, pues allí encontrarás bendición.

Honro hoy a mi esposo porque es un excelente padre de sus hijos y de mis princesas. Gracias, mi Dios.

Notas: _____

_____

Escucha a tu padre, que te engendró,
y no desprecies a tu madre cuando sea anciana.
Proverbios 23:22

Hijos, valoremos a nuestros padres

Padres y madres, no se vayan de la meditación de hoy. Nosotros también somos hijos.

Aunque ya lo mencioné al inicio de este libro, el único mandamiento con promesa es que honremos a nuestros padres para tener una larga vida.

¿Te imaginas lo que para Dios significa el respeto a ellos que hasta puede ser una condición para vivir muchos años?

Sé que cuando somos jóvenes y adolescentes, los consejos de papá y mamá son a veces hasta fastidiosos. Su compañía en ciertas edades hasta molesta en determinadas etapas de la vida. Salir con ellos... ¡huy, qué pena!

No obstante, todo esto pasa y, a medida que vamos creciendo, madurando, aprendiendo y perdonando, vamos cambiando la manera de verlos y respetarlos.

Cuando llegamos a la etapa de ser padres, es que al fin apreciamos todo lo que hicieron por nosotros. Cuando esos hijos crecen y nos faltan al respeto o nos hacen sufrir, por fin nos ponemos en los zapatos de nuestros papás que nos aconsejaban y velaban por nuestro bienestar.

Nunca es tarde para atenderlos, para acompañarlos, para disfrutarlos y hacer lo que dice la Biblia: «Honra a tu padre y a tu madre» (Éxodo 20:12).

Notas: _____

_____

_____

Dichosos todos los que temen al SEÑOR [...]
En el seno de tu hogar, tu esposa será como vid llena de uvas [...]
tus hijos serán como vástagos de olivo.
Salmo 128:1, 3

Oración por la unión de la familia

¡Dios mío y Padre mío! Gracias por ser nuestro Padre. Gracias porque tú nunca nos dejarás ni nos abandonarás.

Te agradecemos porque de una manera sencilla puedo ver algunas de las cosas que esperas de mí como padre, como madre o como hijo.

Te pido perdón si no he desarrollado como es debido mi posición de hijo y de padre.

Te suplico que me des una nueva oportunidad para buscar más de ti y así obtener la sabiduría de cuidar a los míos de manera que sea un buen ejemplo para ellos.

Hoy, como familia, te rogamos que nos des un manto de unión y de protección. Que de una manera milagrosa sanes los corazones de cada uno de los que en este día se acogen a tu misericordia.

Te necesitamos y ponemos delante de ti todo hogar representado por cada persona que hoy hace esta oración.

Gracias, mi Dios, por la bendición de tener una familia.

Amén y amén.

 Notas: _____

_____

Aun los jóvenes se cansan, se fatigan [...]
pero los que confían en el SEÑOR renovarán sus fuerzas.
Isaías 40:30-31

La pildorita contra el estrés

Muchas veces a lo largo de tu vida, sin importar la edad que tengas, te sentirás con la sensación de que ya no puedes más con las cosas que estás viviendo. Incluso, ni siquiera te motivará la búsqueda de Dios.

Has intentado de todo para hallar la paz y la solución a tus problemas, y ya te has dado cuenta que las pastillas para la depresión no dan resultado. Que las visitas al que se supone que conoce tu futuro ya te desilusionó porque al fin comprendes que te han quitado tu dinero, pues nadie conoce tu futuro sino solo Dios.

Hoy te digo que Dios es el único que basta. Él es el que saca del hoyo tu vida. El que te viste con ropas nuevas y el Dios de las oportunidades.

Hace unos meses escuché una vez más que un joven de veintiún años se había quitado la vida porque no pudo soportar la muerte de su novia. Entró en depresión y, pasado un tiempo, se quitó la vida. ¡Qué dolor para la familia!

Ni tú, ni él, ni ninguno de nosotros se puede aferrar a la vida de otras personas, incluyendo las de nuestras parejas e hijos, nuestros pastores o líderes. No debemos convertir esos seres especiales en la razón para vivir. Es idolatría y Dios la detesta. Debes entender hoy que no puedes poner tu vida y tu confianza en el hombre porque lo más seguro es que te va a fallar.

Dios es el que te ayudará en todas tus necesidades y te dará nuevos comienzos.

Notas: _____

_____

_____

No les hagan caso a sus [...] adivinos, intérpretes de sueños,
astrólogos y hechiceros [...] Las mentiras que ellos les profetizan
solo sirven para que ustedes [...] mueran.
Jeremías 27:9-10

Tu futuro

Muchas de nuestras familias, ya sea por tradición o por cultura, tienen la costumbre de visitar brujos, espiritistas, lectores de cartas y manos y santeros, por mencionar algunos. Su propósito es escuchar, según cabe suponer, lo que les deparará el destino. Lo hacen sin imaginarse siquiera que estas personas inescrupulosas les mienten para sacar verdades y, lo que es peor, para robarles su dinero.

Algunas personas buscan así su futuro, aun sabiendo lo que Dios dice al respecto en la Palabra. Y si no lo habías leído nunca, dice con claridad que ninguno de los que mencioné antes entrará en el reino de los cielos.

Dios dice en varias partes de la Palabra que no debemos consultar «ni practicar adivinación, brujería o hechicería; ni hacer conjuros, servir de médium espiritista o consultar a los muertos» (Deuteronomio 18:10-11). Además, advierte sobre las consecuencias.

Como hija de Dios, mi deber es orientarte a que si crees que eso que haces es bueno, debes saber que no está bien y te lo dijo con conocimiento de causa.

Si quieres estar en paz con Dios y a cuentas con Él, no debes seguir haciendo este tipo de actos deshonrosos para Dios.

Así que te invito a que hoy mismo renuncies y le pidas perdón a Dios. No te maldigas ni te contamines consultando estos medios, ya que son abominación para el Señor.

Descansa en Dios y pídele que te guíe en tu vida, paso a paso, y sé obediente a su Palabra. De esa manera, tu vida estará realmente segura en Dios. Recuerda, tu vida está en manos de tu Creador.

Notas: _____

_____

Así que, no os afanéis por el día de mañana, porque el día de
mañana traerá su afán. Basta a cada día su propio mal.
Mateo 6:34, RV-60

Vive de día en día

No sé cuál es el interés de muchas personas, unas más que otras, en conocer lo que les pasará en el futuro y cómo serán sus vidas en el mañana. Quieren saber de enfermedades, traiciones y cosas negativas que, más que hacerles un favor, llenan su vida de confusión y zozobra.

Debes entender que el único interesado en tu vida, en tu futuro, en bendecirte y conceder las peticiones del corazón es Dios.

Ninguna persona de estas que se encargan de adivinar el futuro les importa cómo termine tu vida, porque ni siquiera conocen lo que Dios ya tiene predestinado para nosotros.

Claro, los brujos, espiritistas y adivinos, entre otros, adquieren poder porque el enemigo se encarga de dárselo. Sin embargo, ese poder no es para bendecir tu vida, pues quieren acercarse a ti con horóscopos y demás cosas que solo causan confusión.

En su Palabra, Dios presenta al enemigo con tres funciones muy definidas. Así que, por favor, memorízalas bien: El enemigo viene para robar, matar y destruir.

Dios, tu Padre, si es que así lo reconoces, te ofrece todo lo contrario. Él quiere darle paz a tu vida en medio de tu preocupación. Promete no abandonarte jamás. Quiere hacerte feliz y quiere sanarte. Te da la oportunidad de que te arrepientas y, como si fuera poco, te ofrece una vida eterna en su presencia cuando lo reconoces por medio de su Hijo Jesucristo.

Vive de día en día porque cada día trae su propio afán.

Notas: _____

_____

_____

En ti confían los que conocen tu nombre,
porque tú, SEÑOR, jamás abandonas a los que te buscan.
Salmo 9:10

Oración por confianza en Dios

Te busco con todo mi corazón porque he podido reflexionar acerca de las veces que no he confiado en ti y he puesto mi mirada en otras imágenes. Las veces en que he prestado mis oídos para escuchar a personas que usurpan tu lugar adivinando el futuro que solo tú conoces.

He entendido que esto te desagrada y que las consecuencias no son las mejores.

Por eso, Dios mío, te pido perdón y renuncio hoy mismo a este tipo de creencias.

Te pido que me limpies y me liberes de cualquier atadura con el enemigo.

Hoy, Dios mío, me comprometo a confiar en ti y a creer en que tú tienes grandes cosas para mi vida.

Señor, dame sabiduría y ayúdame a vivir día a día bajo tus cuidados y protección.

Gracias por todo lo que estás haciendo y por todo lo que harás.

Amén y amén.

 Notas: _____

_____

*A las montañas levanto mis ojos; ¿de dónde ha
de venir mi ayuda? Mi ayuda proviene del Señor,
creador del cielo y de la tierra.*
Salmo 121:1-2

Tiempos difíciles y de oportunidades

Hace unos meses nuestro jefe P. Mauricio Quintana, inspirado en una enseñanza de su pastor, nos hacía reflexionar en que atravesábamos un tiempo muy difícil, desde el punto vista económico. A decir verdad, muchas personas perdieron sus casas y muchos medios de comunicación hablaban de la crisis. Entonces nos enseñaba que hay dos maneras de ver el problema.

La primera es cuando te montas en la crisis y declaras que son tiempos muy difíciles, que tu vida va de mal en peor y que vas rumbo al abismo.

La segunda es cuando te paras en medio de la misma situación con otra mentalidad. En esta, sabes y aplicas lo que Dios dice en su Palabra cuando promete estar con nosotros y poner a prueba nuestra fe, si es cierto que todo lo que hablamos y decimos a otros lo aplicamos a nuestra propia vida, ahora que las cosas no están tan bien.

El año pasado, mientras algunos hablaban de perder sus casas, otros hablaban de su gran oportunidad para hacer los negocios que soñaron. Esto lo aplicamos para cualquier situación y de allí deberíamos aprender varias cosas: En tiempos difíciles podemos apreciar la misericordia de Dios, crecemos en lo espiritual y aprendemos a depender únicamente de Él.

Recuerda que Dios no da más carga de la que no podamos soportar.

Notas: _____

_____

Engañoso es el encanto y pasajera la belleza.
Proverbios 31:30

La belleza es pasajera

En estos tiempos que estamos viviendo, la gente dice de la belleza: «No hay mujeres feas... sino hombres sin billete. Ja, ja, ja. (Esto es un chiste, pues ya estoy como nuestro humorista colombiano José Ordóñez).

Hoy en día, cambiarse la figura y operarse parece más bien como parte del diario vivir. Por querer estar a la moda, los hombres y las mujeres luchan por tener cuerpos perfectos a costa de lo que sea y se desenfocan. Se vuelven vanidosos. Entonces se concentran en la belleza como su prioridad y olvidan por completo quién les dio la vida. Pueden más la vanidad y el orgullo al creerse que vivirán así eternamente.

Sin duda, admiro la belleza humana. Admiro cómo cambia y avanza la ciencia, de modo que hacerse una operación no es el problema. Siento decirles que el problema está en volverse un idólatra de uno mismo o está en el momento que esto se convierte en una adicción. El asunto es que los expertos dicen que hay personas adictas a estas operaciones y pierden la belleza original. A menudo, se ven hasta deformes y sabemos que muchos han perdido la vida en un quirófano.

Recuerda que todo llevado a los extremos es malo. Y Dios es el dueño de nuestros cuerpos.

Esto se ajusta también para los hombres que se hacen tantas cosas por lucir mejor que pierden la masculinidad.

Notas: _____

_____

Enséñanos a contar bien nuestros días,
para que nuestro corazón adquiera sabiduría.
Salmo 90:12

La edad con dignidad

El devocional de hoy lo motivó el de ayer. Podríamos decir que es otro caso muy común que se presenta en ciertas personas y, sobre todo, en determinadas edades de la vida.

Cuando vemos que ya no somos jovencitos, que la belleza se va deteriorando debido a que la gravedad hace su efecto y «todo se cae», vienen las preocupaciones de los hombres y las mujeres por sentirse jóvenes. De ahí que cambie su comportamiento y, algunas veces, se presenten los divorcios.

En el caso del hombre, el deseo está en demostrar que aún puede conquistar. En el de las mujeres, su anhelo está en provocar admiración. Este comportamiento va de la mano con la manera de vestirse y de actuar que se manifiesta de una forma bien llamativa. El resultado es que vemos mujeres de edades bien avanzadas con minifaldas y escotes, mientras que los hombres se visten como jovencitos y su comportamiento deja mucho que desear.

Vivamos cada etapa de nuestra madurez con dignidad. Disfrutemos el hecho de ser personas con experiencia y que esas canas, más que ser cabellos blancos, infunden respeto.

Pidámosle a Dios que nos ayude a aceptarnos tal y como somos a medida que vamos envejeciendo. Y que podamos dejar un hermoso legado a nuestros hijos y a nuestros nietos.

Notas: _____

_____

_____

Corona de honra es la vejez,
que se halla en el camino de justicia.
Proverbios 16:31, RV-60

La edad dorada

Me gusta mucho cuando se habla de la edad dorada, pues dan la idea de las experiencias maravillosas en la vida.

Hoy quizá seas tú esa persona de la tercera edad que se siente triste y solitaria. A lo mejor tu familia te dejó en un hogar para viejitos y de vez en cuando te visitan y a veces te llaman. La soledad en esta etapa de la vida es una de las razones que más lleva a la depresión.

En este día, Dios quiere decirte que no estás sola ni solo aunque pases días sin saber de tu familia. Tal vez te encuentres en tu casa viendo pasar los días y, en muchos casos, sin poder salir siquiera porque tu salud no lo permite o porque ya hasta conducir un auto es un problema para ti.

Hoy Dios te dice que Él está contigo, que eres más que una hermosa joya para Él y que es tu compañía. Refúgiate en Dios.

Ante esto, las preguntas que caben son las siguientes: ¿Qué estamos haciendo tú y yo por ellos? ¿Cómo estamos ayudando a nuestros viejitos, empezando por casa? ¿Cómo los tratamos? ¿Sabías que después del abuso infantil el abuso a las personas mayores está en segundo lugar? Lo más triste de todo es son víctimas de sus propios familiares.

La Palabra nos enseña que las canas son sabiduría y merecen todo el respeto.

Por lo tanto, honro hoy a las personas de la edad dorada.

Notas: _____

_____

_____

Como palmeras florecen los justos [...]
Aun en su vejez, darán fruto.
Salmo 92:12, 14

Oración por las etapas de la vida

Hoy quiero, mi Dios, presentar esta oración pidiendo que nos ayudes a aceptar cada una de las etapas que estamos viviendo en la vida.

Te pedimos que quites de nuestra mente pensamientos de frustración y que podamos gozar cada año que nos das. Ayúdanos a entender que todo tiene su tiempo y que no somos los únicos en sentirnos así.

Danos entendimiento y sabiduría en la manera de vestirnos y de comportarnos. Permite que podamos llegar a esta etapa de la edad madura con orgullo y que podamos disfrutar de esos cambios manteniendo un corazón alegre y apacible.

Dios mío, extiende también tu misericordia y danos mucha salud. Ayúdanos a ser prudentes y cuidarnos, y a mantener por siempre nuestra mirada puesta en ti.

Gracias, mi Dios, por la vida y, sobre todo, gracias por la vida eterna.

Amén y amén.

Notas: _____

_____

Alma mía, en Dios solamente reposa, porque de él es mi esperanza.
Él solamente es mi roca y mi salvación.
Salmo 62:5-6, RV-60

La soledad es mala compañía

L a soledad no es el mejor aliado de nadie, sino que es un sentimiento desagradable. Podría atreverme a decir que todos la hemos
sentido en alguna etapa de nuestras vidas.

En Estados Unidos, donde vivo, es muy común vivir esa soledad de
una manera prolongada, pues no todo el mundo tiene el privilegio de
vivir aquí con sus familias y la soledad nos golpea duro.

A mi llegada a este país, tuve la experiencia de no tener en el día
alguien con quien hablar. No salía a parte alguna porque todo me era
desconocido y ni siquiera tenía transporte. Así que pasaba horas de
horas en un apartamentito compuesto de un cuarto grande, con una
cocina diminuta, un baño, una cama... ¡y ya!

Fue una etapa dura, pero permitió que hoy valore y aprecie mucho
lo que Dios me ha permitido hacer. Te puedo decir que son etapas que
vivimos que nos ayudan a madurar, a crecer y a valorar lo que quizá
nunca antes le diéramos importancia.

Sin embargo, cuando empecé mi caminar en Cristo, no volví a
experimentar esa horrible sensación de soledad. A pesar de que he
pasado momentos de crisis, ya veo las cosas de otra manera. Ahora
puedo decir con franqueza que Dios es el único que llena todo vacío
y es el que colma de felicidad nuestra vida.

Notas: _____

_____

_____

Aleja de tu corazón el enojo,
y echa fuera de tu ser la maldad.
Eclesiastés 11:10

Cuida la paz de tu corazón

En realidad, el corazón es un músculo. Está situado en el centro del pecho, un poco hacia la izquierda, y es casi del tamaño de tu puño. Este músculo es especial por lo que hace: El corazón envía sangre a todo el cuerpo.

Sabemos que el día en que el corazón deje de latir, ya no estaremos para hacer el cuento. De ahí que los especialistas hablen de la importancia de hacer ejercicio y alimentarse bien para tener larga vida.

Sin embargo, ¿qué sacamos teniendo una buena salud si nuestro corazón está amargado, está lleno de resentimientos, de ira, de maldad? De esa manera, no podemos sentir paz ni tranquilidad, porque todas esas cosas que acabo de mencionar atormentan nuestra existencia.

Por eso la Biblia dice que el corazón es engañoso... ¿Quién lo conocerá?

Notas: _____

_____

102

Bendito sea el Señor, nuestro Dios y Salvador,
que día tras día sobrelleva nuestras cargas.
Salmo 68:19

Dios te regala un nuevo día hoy

¿Por qué será que no todos los días nos levantamos igual con Dios?

Si en la gran mayoría de los casos conocemos su Palabra, sabemos que nos ama y que hoy ha preparado un día lleno de oportunidades para nosotros.

Sé que las circunstancias que estás viviendo te roban la paz y el gozo. No obstante, cuando estamos en contacto diario con nuestro Dios, ya sea orando aunque sea un rato cada día, y leyendo su Palabra, encontramos sus promesas.

Estas promesas te dan la certeza de caminar por fe. Te permiten dar por sentado que aunque amanezcas sin un quinto en el bolsillo, andes cansado porque el dinero no te alcanza y otras muchas cosas que llegan a la vida, Dios es un Padre que, ante todo, nunca miente. De modo que si te regaló un nuevo amanecer, es porque te ama y ya tiene predestinado que estuvieras en pie.

¡Ánimo! Recuerda que aunque la tormenta es fuerte, Dios es mayor que tu problema.

Notas: _____

_____

_____

La bendición del SEÑOR trae riquezas,
y nada se gana con preocuparse.
Proverbios 10:22

El afán diario

Hace unos días recordábamos que no debemos permitir que nuestra mente y alma se carguen con la ansiedad. Que deberíamos practicar también vivir de día en día y así no llenarnos de tantas preocupaciones.

Hay cosas que de seguro se nos van de la mano. Situaciones que de repente te derrumban y sabemos que nos llenan de afanes y de incertidumbres. Mientras que hay otras cosas que aunque nos preocupen no podemos hacer nada al respecto.

Por eso es que Dios sabiamente, y conociendo la naturaleza humana, nos dejó esa recomendación de que cada día trae su propio afán.

Aprendamos a vivir de día en día. En realidad, de esa manera se vive con mayor tranquilidad y, como que se tiene la mente más despejada, se pueden solucionar poco a poco los problemas. Todo tiene solución en esta vida. Descansa en Dios y en este día pon en sus manos todos tus problemas. Deja que su poder se manifieste en tu vida.

Hay una canción que dice «Yo le creo a Dios» y cantarla es preciosa. Sin embargo, aplicarla es difícil cuando nos enteramos que nuestro hijo está en drogas, en la cárcel o en cualquier otra situación que nos entristece.

Si decidimos creerle a Él, demos ese paso y digamos:

«Dios mío, vengo a ti porque he decidido creerte. Me he dado cuenta que no puedo hacer nada ante esta situación. Por eso sé que, si me invitas a llevar mis cargas a ti, me harás descansar. Yo lo creo».

Gracias, mi Dios, por ese bálsamo de amor.

¡Te amo!

Notas:

De este modo todos sabrán que son mis discípulos,
si se aman los unos a los otros.
Juan 13:35

Lo mejor para mí

Dios a veces tiene que mover fichas para llamar nuestra atención.

En mi caso, aunque ya estaba segura que escribir este libro era una idea de papito Dios y se reconfirmaba con la Biblia en Jeremías 30:2, yo me negaba.

Hasta un día que llegó a mi vida una personita muy especial que Dios ha usado en serio para que le diera inicio a este proyecto. Se trata de Pedrito, como le digo cariñosamente. Pedrito Lancheros es un hombre inteligente, sencillo, preparado y con un lindo hogar. Además, forma parte del equipo de *Conexión USA*, la revista.

Hacía ya un tiempo que me venía escuchando por la radio, y cuando entró a trabajar en la revista, empezamos a tener algunas conversaciones. Entonces, un día, entra a mi oficina y me dice que sentía de Dios decirme que lo que hacía por los oyentes era excelente, que la oración de la mañana era muy poderosa y un tremendo testimonio. Acto seguido me preguntó si no pensaba escribir un libro. Cuando me dijo esas palabras, pensé: «¡Dios mío, otra persona que envías para que reaccione!». Tuvimos varias conversaciones serias en las cuales me dijo cosas que me hicieron reflexionar y sentir incómoda, pero todo para bien. Más tarde, me entregó un cronograma y el resultado hoy es que tú y yo estamos leyendo este motivador libro lleno de testimonios.

Gracias, Pedrito, por ser obediente a Dios y hablarme, y gracias por tu paciencia.

Notas: _____

_____

_____

Pero fiel es el Señor, que os afirmará
y guardará del mal.
2 Tesalonicenses 3:3, RV-60

El recuerdo sin dolor

En días pasados, acompañé a mi princesa Niki a realizarse unos exámenes generales, pues no se había sentido muy bien. Así que estuvimos en el hospital *Memorial*, de Pembroke Pines y allí le hicieron un examen conocido como tomografía axial computerizada (TAC). Como Niki estaba un poco nerviosa, le explique de qué se trataba la prueba. No sé si todos lo saben, pero te meten en un aparato que gira en torno al cuerpo del paciente emitiendo un haz de rayos X que, mediante unos cristales, se reciben y registran una serie de datos que se envían a una computadora que convierte la información en una imagen sobre una pantalla. Este examen es tan completo que se detecta cualquier tipo de problema.

Estando allí, la tuve que esperar afuera y empecé a recordar la época de mi enfermedad. En mi caso, pasé por esa misma prueba durante momentos críticos al estar recién operada y cuando el cuadro médico no daba muchas esperanzas de vida. Así que todo era gris y misterioso. Entonces me puse a rememorar varios de esos momentos en que me llevaban en medio de tanto dolor y sintiendo la muerte a mi alrededor.

De pronto, sentí unos deseos enormes de llorar y le agradecí a Dios el milagro de mi sanidad. Nunca me cansaré de reconocer cómo me sanó Dios y de que hoy sea un testimonio viviente.

No es vivir en el pasado, pero nunca debemos olvidar lo que Dios hace por nosotros. Además, eso nos dará la fuerza para seguir adelante.

Notas: _____

_____

_____

Cristo nos libertó para que vivamos en libertad.
Por lo tanto, manténganse firmes y no se
sometan nuevamente al yugo de esclavitud.
Gálatas 5:1

Día de testimonio

Mientras escribía el devocional anterior, mi Dios, que es tan lindo, me permitió tener otra vivencia para que se las relatara a ustedes. No lo hago porque me sucediera a mí, sino para reconocer la grandeza de nuestro Padre. Y también para testificar que cuando en verdad decidimos entregar toda nuestra vida en sus manos, Él nos honra y nos bendice.

La historia que quiero contarles es de una chica que me llamó para decirme que desde hacía varios meses tenía pensado quitarse la vida debido a sus muchos problemas. Entonces, llamó a nuestro programa radial y, gracias a Dios, pudimos ayudarla, tranquilizarla y ubicarla de modo que recibiera el apoyo necesario.

Hoy, dándole las gracias a Dios, me llamó para decir que me escucha todos los días, que está tranquila, trabajando y que vive con su mami. Además, está asistiendo a un grupo de oración y apoyo, y en estos momentos espera con ilusión su tercer hijo. De las muchas cosas lindas que me contó, me llenó de alegría cuando dijo: «De lo que sí estoy segura por completo es que no vuelvo a las drogas. Dios me liberó y me quitó el deseo. Ahora, al mirar atrás, veo el tiempo que perdí no estando con mis hijas y el dinero que gasté en las drogas».

Las dos le dimos muchas gracias a Dios por este hermoso testimonio que, una vez más, nos muestra que no hay circunstancia que Él no pueda cambiar. Hoy es tu oportunidad.

Notas: _____

_____

_____

Ahora bien, el Señor es el Espíritu;
y donde está el Espíritu del Señor,
allí hay libertad.
2 Corintios 3:17

No vivas esclavo, declárate libre

¿Cuántas personas que hoy leen este devocional se sienten atadas a los vicios?

Si es una atadura, es una esclavitud. Si lo sentimos cuando fuimos fumadores que queríamos un cigarrillo y nos desesperaba no tenerlo, no quiero ni imaginarme la ansiedad que produce que no tengas tu vicio y hasta dónde puedes llegar con tal de tenerlo.

Por eso es una atadura. Es una esclavitud. Así que Dios en este día quiere liberarte de cualquier vicio. No dudo que los grupos de ayuda sean excelentes. No obstante, si le pides perdón a Dios de corazón y le suplicas que te quite el deseo de drogarte, de beber, de estar en la pornografía o cualquier otra cosa, puedo declarar que muchos se liberarán hoy mismo y podrán testificar de manera milagrosa acerca del poder de Dios.

¡Anímate y acepta el reto de declararte libre!

Notas: _____

_____

_____

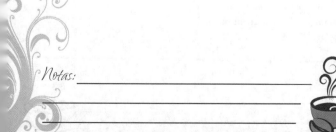

El amor es sufrido, es benigno [...] no tiene envidia [...]
no hace nada indebido, [...] Todo lo sufre, todo lo cree,
todo lo espera, todo lo soporta.
1 Corintios 13:4-7, RV-60

Libre para amar

En el amor hay libertad y hay gozo. Así que ahora quiero ver el otro lado de la moneda de las familias que tienen algún ser querido en cierto vicio. Debe ser muy doloroso y preocupante ver al ser que amas llegar pasado en alcohol y, en su gran mayoría, agresivos hasta abusando de sus esposas e hijos.

En este momento deseo decirte que este libro no llegó a tus manos por casualidad. Ahora que estás como se dice en tu sano juicio debes saber que no solo te destruyes a ti mismo, sino que también destruyes a la familia que te entregó el Señor, de la cual te pedirá cuentas en el día del juicio. No es que te hable para atemorizarte. Te digo la verdad... una verdad que duele y que te debe preocupar. ¿Qué le vas a decir a Dios? ¿Le vas a decir que lastimas a tu esposa? ¿Que la hieres cuando estás tomado o drogado? ¿Que el ejemplo que por años recibieron tus hijos fue verte así y que cuando no te veían de esa manera era porque no estabas en casa?

Piensa, por favor, en las consecuencias de tus actos. Además, recuerda que todo lo que sembramos en esta vida eso mismo cosechamos.

Mi recomendación es que te dejes ayudar. Llámame, búscame y con mucho gusto te daré los recursos que necesitas para seguir adelante. Sin embargo, no seas egoísta y mira por primera vez a tu cónyuge e hijos con amor.

Hoy es día de arrepentimiento.

Notas: _____

_____

_____

Tú eres mi socorro y mi libertador;
¡no te tardes, Dios mío!
Salmo 40:17

Oración por ayuda familiar

Señor, hoy vengo delante de ti porque sé que muchas personas están conmovidas. Reconocen que se encuentran en vicios. Reconocen que han tratado de avanzar por sus propias fuerzas y no han podido. También hay muchas mujeres que me han pedido oración por sus hogares a punto de destrucción. Dios mío, son mujeres que quisieran dejar sus casas porque ya no resisten más abusos. Incluso, han pensado regresar a sus países con tal de no seguir sufriendo, y ver a sus hijos tristes y sin esperanza.

Te pedimos, Jesús, tu intervención milagrosa. Toca en este momento a las personas que necesitan ser libres de esas ataduras hoy mismo. Además, dales, mi Señor, la libertad que desean.

A las familias que sufren con un ser querido esta tortura de aguantar abusos, golpes e insultos, Señor, dales hoy mucha valentía y sabiduría para dar los pasos de acuerdo con tu voluntad. Glorifícate, Señor.

Notas:

Entonces ustedes me invocarán, y vendrán a suplicarme,
y yo los escucharé. Me buscarán y me encontrarán,
cuando me busquen de todo corazón.
Jeremías 29:12-13

Dulce refugio

Cuando tenemos días felices en los que todo nos sale bien, es cuando menos pensamos que estamos refugiados en los brazos del Padre. Eso sucede porque casi siempre que las cosas están en orden, lo que menos buscamos es su compañía.

Muchas veces estamos tan organizados que pueden pasar días sin que oremos, sin que vayamos a la iglesia, solo porque todo está en orden.

Sin embargo, ¿qué tal si a este cuadro le agregamos la preocupación y los problemitas económicos que no faltan? Ahí es cuando empezamos a clamar por su ayuda.

Dios no solo debe ser nuestro refugio en la soledad, ni en los momentos de preocupación. Él quiere ser nuestro refugio en todo momento.

Debemos estar más cerca que nunca de Él cuando nos encontremos en medio de la celebración por el triunfo del éxito y las muchas bendiciones.

No seamos interesados en nuestra búsqueda de Dios.

Él es y será nuestro dulce refugio.

Notas:

En fin, que conozcan ese amor que sobrepasa
nuestro conocimiento, para que sean
llenos de la plenitud de Dios.
Efesios 3:19

Honremos a los pastores

Los pastores son una tremenda bendición. Muchos dan de su vida y tiempo por sus ovejas. Son tan entregados a la causa, que a veces dejan para el final las necesidades de sus familias y las suyas propias. Ponen como prioridad la atención a los demás. Varios se han preguntado si ese trabajo vale la pena. Tanto sacrificio, no vivir los días normales, sino poner la cara por cada situación que se presenta en la iglesia y, además, ser los consejeros de cada familia. Sin duda alguna, para ser pastor se necesita tener un llamado de parte de Dios, pues este trabajo no es por vocación.

Hoy quiero agradecerles a mi pastor Albert Ixchu y su esposa, Lizbeth, por todo lo que han hecho por mí y por mis princesas. No solo me han orientado en momentos de crisis, sino que han estado incondicionalmente con mis hijas dándoles consejos cuando lo han necesitado. No importa el día, ni la hora... solo sirviendo.

Así que te motivo a que le agradezcas hoy de una manera especial a Dios por la vida de tus pastores, mentores y líderes. También pidámosle a Dios que los bendiga a ellos y a sus familias.

Notas: _____

_____

El temor del SEÑOR es el principio del conocimiento;
los necios desprecian la sabiduría y la disciplina.
Proverbios 1:7

Sin que descuides lo tuyo

Este devocional forma parte del tema anterior: El servicio a Dios debe ser equilibrado por completo.

No debemos abandonar nuestra familia por servir en la obra de Dios. De ahí que el Señor sea el único capaz de ayudarnos a equilibrar nuestro trabajo.

He tenido la oportunidad de conocer algunos casos cercanos. Se trata de jóvenes procedentes de familias pastorales que están cansados de vivir solos en sus casas. No tienen una vida en familia como los demás, ni tienen derecho a la privacidad ni en su casa. El problema es que la casa pastoral vive repleta de gente cualquier día de la semana, ni hablar el día del servicio. Tampoco se puede pensar en salir de vacaciones, pues papá o mamá están con agendas repletas de compromisos de la iglesia.

Esta es una exhortación muy especial que tengo para ti pastor, pastora, líder, capellán o cualquiera que sea tu posición. El servicio a Dios es el mayor privilegio que tú y yo podemos experimentar. Es gratificante y muy bien remunerado por Dios.

Sin embargo, no olvides que antes de servir a Dios, tu primer ministerio, tu primera obra, es cuidar de tu familia. No la descuides, pues te necesita.

Pídele a Dios que te dé el tiempo perfecto y que logres ser el mejor de los padres.

Hay un orden ya establecido por nuestro Señor. Tú con Dios como cabeza, tu familia, primera obligación, el trabajo y la iglesia.

Notas: _____

_____

_____

No te jactes del día de mañana, porque no sabes lo que el día traerá.
No te jactes de ti mismo; que sean otros los que te alaben.
Proverbios 27:1-2

No te envicies con tu trabajo

Todos los extremos son malos. En el día de hoy, Dios quiere que unamos el pensamiento de ayer acerca de los llamados a trabajar, sobre todo en su obra, con tu llamado en particular como maestro, arquitecto, enfermera, trabajador de la construcción, cocinera, vendedor y hasta ama de casa. Y si no mencioné tu trabajo, añádelo, por favor. No podemos vivir solo para el trabajo y producir dinero. Esa no es la voluntad de Dios.

Dios deseas bendecirnos con nuestros trabajos y que podamos tener el dinero suficiente a fin de pagar nuestras cuentas y todo lo demás. Sin embargo, no nos dio el trabajo para que no hagamos otra cosa que trabajar, trabajar y, si sobra algo, trabajar. Esto desagrada a nuestro Dios.

¿Has pensado en las horas que has dejado de estar en casa porque tal parece que tienes mucho trabajo? ¿Has considerado las muchas veces que no te puedes despedir de tus hijos porque sales tan temprano que aún duermen y llegas tan tarde que también duermen?

Reflexiona en que hoy es el día de cambiar. No podemos seguir haciendo las cosas a nuestra manera. Piensa en esto: Tú dejas de disfrutar con los tuyos por estar trabajando, pero el día que te enfermes por exceso de estrés, nadie va devolverte la salud. Además, recuerda algo que yo siempre tengo muy presente: «Todos» somos reemplazables.

Después de mi enfermedad entendí esto y, aunque me encanta lo que hago, ahora saco tiempo para mi familia y para mí, y comprendo que soy reemplazable.

Notas: _____

_____

Responde a mi clamor, Dios mío y defensor mío.
Dame alivio cuando esté angustiado, apiádate de mí
y escucha mi oración.
Salmo 4:1

Oración por protección

Señor Jesús, hoy quiero pedirte perdón porque reconozco que he estado enviciado con mi trabajo. También he sido negligente porque me he concentrado en servirte y he descuidado lo más preciado para ti, mi familia.

Reconozco que mi vida puede estar llena de conflictos porque me equivoqué al cambiar el orden que estableciste y en el que me encargas que atienda a mi familia en primer lugar.

Sé que me he encerrado mucho en mis necesidades financieras y que he luchado en mis fuerzas por alcanzar lo que necesito. Así que te pido perdón por haber descuidado a mis hijos y mi cónyuge al disfrazarlo con mi trabajo.

Te necesito y necesito de tu sabiduría para vivir de acuerdo con tu voluntad.

Amén y amén.

Notas: _____

_____

_____

Alégrese el corazón de los que buscan al SEÑOR.
Recurran al SEÑOR y a su fuerza;
busquen siempre su rostro.
Salmo 105:3-4

Temprano, te buscaré

¿Qué es lo primero que hiciste hoy cuando te levantaste? Seguro que me dirás: «Bueno, me lavé los dientes». Otros me dirán: «En realidad, me tomé un cafecito. Es más, dejé la cafetera programada». Otros dirán: «Lo primero que hago cuando me despierto es darle gracias a Dios por un día más de vida».

Esta reflexión la quiero basar en esta última respuesta.

La Biblia habla acerca de la bendición de buscar a Dios en las primeras horas del amanecer. Es como si nuestro Dios nos dijera: «Sé que es un sacrificio para ti, pero cuando lo hagas, encontrarás gran bendición».

Son muchos los testimonios que he escuchado de personas que realizan lo mismo que hacemos hoy en este devocional, y que lo acompañamos con una oración y un momento a solas con Dios. Sé que cuando uno se lo propone, enseguida surgen cosas a fin de que no te puedas mantener. Nos da de repente un sueño que no podemos ni abrir los ojos. Incluso, te empieza a doler algo o dices: «Hoy no puedo, empiezo mañana».

La búsqueda del tiempo, aunque parezca raro, requiere disciplina, constancia y sacrificio. De modo que recordemos todo lo que hace Dios por nosotros y propongámonos buscar cada día unos minutos para la oración y la lectura de su Palabra... y veremos el resultado en el diario vivir.

Notas: _____

_____

_____

Las muchas aguas no podrán apagar el amor,
ni lo ahogarán los ríos.
Cantar de los cantares 8:7, RV-60

Hoy es día de dar gracias

En tu caso, no sé lo que tienes que agradecerle a Dios en un día como hoy. En el mío, tengo una gran razón para decirle «GRACIAS»: Me regaló el amor y la felicidad al lado de mi esposo, Edgar.

Además, ¡el día de nuestra boda es inolvidable! La ceremonia se realizó en la bellísima ciudad de Homestead el 26 de abril. Allí me acompañaron muchos de ustedes, mis oyentes, no solo en la iglesia, sino con sus oraciones, sus tarjetas, regalos, detalles y cientos de correos electrónicos.

También doy gracias a Dios por mis compañeros de trabajo que disfrutaron conmigo de un día absolutamente hermoso. Ese día no solo fue azul, sino que vimos a Dios en cada detalle. Lo vimos en el vestido, las flores, la tarta y todo lo que personas tan lindas y cercanas a mí aportaron para que fuera un día donde honraríamos a Dios.

Le doy gracias también porque ahora somos una familia completa. Mis princesas tienen el apoyo en todo de mi esposo y yo tengo una linda relación con sus tres hijos y su familia. Así que valió la pena esperar a que fuese Dios el que trajera a mi vida el hombre que Él sabía me haría muy feliz.

Por eso hoy testifico que la felicidad sí existe y que, cuando confiamos nuestra vida a papito Dios, Él nos sorprende y nos da lo mejor.

Claudia y Edgar

Notas: _____

_____

Reconoce, por tanto, que el SEÑOR tu Dios es el Dios verdadero, el
Dios fiel, que cumple su pacto generación tras generación, y muestra
su fiel amor a quienes lo aman y obedecen sus mandamientos.
Deuteronomio 7:9

Su fidelidad

La fidelidad de Dios es grande y se ve reflejada en cada detalle de nuestra vida.

Mi sueño era poder ir de luna de miel en un crucero. Y por razones de documentos, no lo habíamos podido considerar. Sin embargo, unos días antes de la boda, Dios me concedió recibir mi residencia permanente y me la entregó como si fuera un regalo más para nuestra boda.

Debido a que Él es fiel, todo lo que te digo en este libro es sencillamente mi experiencia con Dios. Es más, no tendría días para contar, ni libros para escribir, acerca de todo lo que Él ha hecho en mi vida.

Dios nos ama y nos complace desde lo más profundo de su ser. Por más equivocados que hayamos estado en el pasado, Él no nos guarda rencor.

Cuando somos obedientes a sus mandamientos, se complace en darnos todo lo que soñamos.

Por eso te extiendo mi invitación a través de este libro porque si lo hizo conmigo, lo hará también contigo. Sé que tienes sueños por realizar. Tienes metas que alcanzar. De modo que en ocasiones ves esto muy lejano y hasta imposible. Aun así, Dios te dice en este día lo siguiente: «Confía, pues es tiempo de cambiar y creerme. Yo soy fiel con los que me buscan».

Notas: _____

_____

_____

El Señor te guiará siempre; te saciará en tierras resecas,
y fortalecerá tus huesos. Serás como jardín bien regado,
como manantial cuyas aguas no se agotan.
Isaías 58:11

La duda... enemiga de la fe

La duda paraliza tu fe. La duda es un sentimiento que todos tenemos, pero que se mantiene como ciertos virus dormida en nuestro ser. Y la activan varios sucesos de la vida.

Es posible que tú fueras una persona de mucha fe, pero un suceso marcó tu vida y es como si no pudieras volver a creer.

Situaciones como una infidelidad, la traición.

En el peor de los casos, una tragedia enlutó tu vida. Así que decides perder toda confianza en Dios y le das espacio a la duda.

Hoy es el día de restablecer lo dañado. Hoy es el día para decirle a Dios que te ayude a volver a confiar.

Recuerda que la duda no te permite ver la mano de Dios en tu vida y mucho menos vivir agradándole.

Además, «sin fe es imposible agradar a Dios» (Hebreos 11:6).

Notas: _____

_____

_____

¡Sé fuerte y valiente!
¡No tengas miedo ni te desanimes! [...]
¡pon manos a la obra, y que el SEÑOR te acompañe!
1 Crónicas 22:13, 16

Promesas sin cumplir

Ya falta un día para que se acabe este cuarto mes del año y te está preocupando que muchas de las cosas que prometiste cambiar en el inicio del año aún no las puedes cumplir.

En este día, te motivo a que no te des por vencido. Un hábito no se cambia de la noche a la mañana, ni tampoco dejar de hacer algo que sabemos que no es la voluntad de Dios. A decir verdad, nos cuesta muchísimo cumplirlo.

Por lo tanto, nuestra oración diaria debe ser pedirle a Dios que nos permita desarrollar el dominio propio y estoy segura que, con el favor de Jesús, lo lograremos.

No te desanimes, Dios te ama y te ayudará a cumplir tus promesas. Repítete: «Yo puedo, yo lo haré, yo lo lograré. Lo que me propongo, eso haré».

De ese modo, estoy segura que lograremos cumplir nuestras promesas.

¡Ánimo, aún nos faltan ocho meses para hacerlo!

Notas: _____

_____

_____

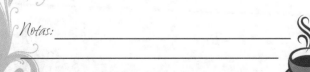

Enséñame a hacer tu voluntad, porque tú eres mi Dios.
Que tu buen Espíritu me guíe por un terreno sin obstáculos.
Salmo 143:10

Oración para hacer su voluntad

Señor, en estos días me has hablado acerca de mantener mi mirada en ti, sin importar las situaciones que pueda estar viviendo.

Hoy estoy reconociendo que te he juzgado, que me he enojado contigo y te he culpado por todo lo que estoy pasando y por todo lo que viví en el pasado.

Te pido perdón y te suplico que me ayudes a hacer tu voluntad y morir a mis caprichos.

También te pido que me ayudes a andar en tus caminos y a hacer tu voluntad para mi vida.

Límpiame y purifica mi mente, Jesús.

Enséñame a entender que tú has estado en cada adversidad, aunque no te haya visto.

Quiero confiar en ti y serte fiel.

Amén y amén.

Notas: _____

_____

Padre de los huérfanos y defensor de las viudas
es Dios en su morada santa.
Salmo 68:5

Las viudas

Desde que comencé este libro para motivar, he tenido en mi mente a algunas oyentes que se me han acercado para contarme que quedaron viudas y me han dado una palabra especial a fin de valorar y disfrutar de nuestros cónyuges ahora que están vivos.

Sus palabras me conmovieron, pues estoy recién casada. Además, en varias oportunidades me dijeron lo mismo: «Disfruta a tu esposo, no pierdas el tiempo peleando por tonterías. Cuando se van, la soledad y la pérdida son demasiado duras».

Así que me quedé pensando y me dije: «¡Es cierto! ¿Para qué perder el tiempo en cosas que pueden arreglarse como amigos y más bien disfrutarse al máximo? A decir verdad, no sabemos los planes de Dios. Lo mejor sería envejecer y morir juntos. Sin embargo, la gran realidad es que siempre va a morir uno primero que el otro».

Lo que más me sorprendió es que estas mujeres perdieron a sus esposos de cuarenta y nueve años y cuarenta y cinco de un infarto, y quedaron viudas jóvenes y sus hijos sin padres.

Hoy doy reconocimiento a cada mujer que ha quedado solita y que se recupera de está perdida. Quizá ya lo sepas, pero no está de más que lo recordemos. Cuando se es viuda, eres más especial para Dios. En la Biblia hay catorce versículos donde Dios habla de los cuidados y el privilegio para estas mujeres.

Notas: _____

_____

_____

El Señor es mi fuerza y mi escudo;
mi corazón en él confía;
de él recibo ayuda.
Salmo 28:7

No estamos solos

Si en catorce versículos Dios habla de los cuidados que tiene por las viudas, lo hace también por los huérfanos, así como por los viudos, los solteros, los ancianos, los divorciados y todos los que tengan esa carencia de pareja. También lo encontramos establecido en la primera carta del apóstol Pablo a Timoteo, donde le da instrucciones de cómo debe tratar la iglesia cristiana a personas con estas características y qué tipo de ayuda deben recibir en cuanto a lo espiritual y lo comunitario.

Las preguntas que nos debemos hacer ahora son las siguientes: ¿Qué estamos haciendo por las personas abandonadas, mayores y viudas? ¿Las tenemos en cuenta en la iglesia y en nuestra sociedad? Tú y yo tenemos el llamado a distinguirnos, más aun cuando decimos ser cristianos. Por lo tanto, a esas personas las debemos llamar, visitar, orar por ellas y atender en sus necesidades.

No obstante, si el caso tuyo es que eres una de estas personas que mencionamos hoy y te encuentras sola sin sentir apoyo alguno de quienes te rodean, Dios quiere decirte que no estás sola. Él es tu Padre, tu Amigo y tu Compañero en cualquier parte que estés.

En su Palabra, Dios dice que tú debes recibir mayor cuidado y protección que otras personas.

Confía en Dios con todo tu corazón y descansa en los brazos de tu Padre.

Notas: _____

_____

*Los hijos son una herencia del Señor,
los frutos del vientre son una recompensa.*
Salmo 127:3

Aprendamos de nuestros hijos
(primera parte)

Es un honor poder decir que tengo tres princesas que son mi orgullo y mi felicidad. Quizá te llame la atención que siempre que me refiera a alguna de mis hijas la señale como mi princesa. Y es que lo son para mí. No solo por la belleza física que les ha dado Dios, sino por una belleza interna que se destaca en cada una de acuerdo a sus edades. He admirado mucho de ellas que, a pesar de los errores de mami, se han mantenido bien paradas y firmes en los caminos del Señor, pues las pruebas vividas nos unieron y he podido recibir su consejo y su apoyo.

En medio de mi enfermedad, mis divorcios y mis quebrantos, siempre recibí el consejo sabio de mi Nathy, quien con carácter y autoridad me decía lo que necesitaba escuchar. Sin faltarme al respeto, las veces que necesita decirme las cosas, lo hace.

La admiro por su madurez espiritual y la manera tan equilibrada de afrontar cada situación. También aprendo mucho de ella por su comunión con Dios, su constancia en servirle en la iglesia y su vida de oración. ¡Qué linda!

Naty, mi princesa mayor, te amo y agradezco tu apoyo y tu rectitud. Te felicito por el ejemplo de orden, de valentía y entrega a tu estudio y trabajo.

En la actualidad, estudia Administración de Empresas y danza profesional, trabaja en un consultorio médico, danza en la iglesia y hace parte de un programa para jóvenes en *Vida Network*.

Entrega todo tu amor y dedicación a tus hijos, y recogerás sus triunfos. No los ofendas ni lastimes. Valóralos y ámalos porque son tus hijos.

Notas: _____

_____

_____

Como flechas en las manos del guerrero son los hijos
de la juventud. Dichosos los que llenan
su aljaba con esta clase de flechas.
Salmo 127:4-5

Aprendamos de nuestros hijos
(segunda parte)

El aprendizaje de nuestros hijos es una disciplina y un ejercicio que de seguro será un gran recurso para ustedes, padres y madres de familia. A lo mejor tú y yo no recibimos en nuestra niñez todo el amor que anhelábamos o nuestros padres se separaron y hubo mucha soledad y confusión. Lo que es peor, tal vez te maltrataran tus propios padres. Sin embargo, hoy en día eres padre y no debes repetir el patrón en el que te formaron, pues eso sería vengarte con tus hijos de algo que no tienen culpa.

Por eso, te presento a otra de mis princesas, Nichole, a quien le decimos «Niki». Desde pequeñita, le ha fascinado la música y siempre nos deleita con su hermosa voz. Sueña con ser una famosa cantante cristiana. En la actualidad, juega al fútbol y usa el número «10» en su camiseta.

De ella he aprendido algo que no se ve en todas las personas. A pesar de los problemas que le ha tocado vivir a mi lado, hay dos cosas que la distinguen: Nunca pierde la calma ni tampoco el buen humor. Además, Niki me contagia con su alegría y es una niña buena que busca de Dios. A sus dieciséis años, tiene claro varios conceptos como el de llegar virgen al matrimonio y servir al Señor con sus dones y talentos. ¡Cuánto me hubiera gustado conocer a Dios en esa edad! ¡De cuántas cosas me hubiera librado!

Gracias, Niki, por tu apoyo incondicional, por ayudarme a sacar adelante a Anne, tu hermana. Sobre todo, gracias por seguir firme en los caminos de Dios. ¡Te amo también!

Notas: _____

_____

Que nuestros hijos [...] crezcan como plantas frondosas;
que sean nuestras hijas como columnas esculpidas
para adornar un palacio.
Salmo 144:12

Aprendamos de nuestros hijos
(tercera parte)

Este es el último devocional acerca de cómo nuestros hijos nos dan el ejemplo y la fuerza que necesitamos para salir adelante. En realidad, no solo nos debe llenar un cónyuge, pues los hijos nos los envió Dios a fin de que nos amen y nos acompañen.

Así que mi campaña está dirigida a decirte que no los maltrates y que comprendas todo lo que puedes crecer cuando aprendes de ellos. Apóyalos en sus talentos y pídele a Dios que te conviertas en la mejor madre o el mejor padre del mundo.

Bueno, por último, me queda Anacristina, a la que todos les decimos cariñosamente «Annie». Esta princesita, con tan solo cinco años, me ha cambiado la vida. Soy el antes y el después de Annie. Mi vida se transformó acto seguido de su nacimiento. Al final, me ubiqué en muchas esferas e hice pactos serios de cambio con Dios. Fueron los años de más estabilidad y orden que pude ofrecerles a todas.

Annie ha llenado nuestra casa de alegría. Es una nena talentosa, canta y baila. Sin embargo, lo más lindo es que tiene la gran constitución física para ser una gran deportista, pues nació con sus músculos muy flexibles. Annie, eres un amor para mí. Te amo con todo el corazón.

Notas: _____

_____

Ustedes, padres, no hagan enojar a sus hijos,
sino críenlos según la disciplina e instrucción del Señor.
Efesios 6:4

Oración por mis hijos

Mi Dios, gracias porque puedo colocar el nombre de mis hijos en esta oración.

Gracias porque he comprendido que los hijos son más que una extensión de mi vida, que son una herencia tuya y que tengo mucho que aprender de ellos.

Te agradezco porque a partir de hoy, y con tu ayuda, sacaré adelante a mis hijos. Tendré más en cuenta sus talentos y sus sueños para instruirles y no para ser un obstáculo en sus vidas.

Como padres, te pedimos perdón por las veces que los humillamos con malas palabras. Te pedimos perdón por las veces que los maltratamos de manera física para disciplinarlo. Perdóname también por las veces que los reprendimos injustamente.

Ahora, te suplico que me ayudes a ganar el tiempo perdido y me des las palabras oportunas para pedirles perdón.

Sana sus corazones y danos la oportunidad de ser una nueva familia en Cristo Jesús.

Amén y amén.

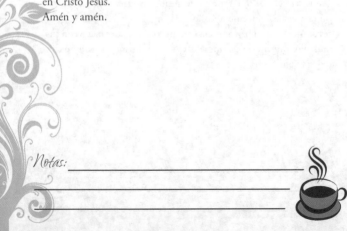

Notas: _____

_____

Porque por gracias sois salvos.
Efesios 2:8, RV-60

La gracia es un regalo de Dios

Cuando haces una oración de fe, o sea, aceptas a Dios como tu único y verdadero Salvador, recibes varias cosas para tu vida y debes apreciarlas de la misma manera que lo haces con un hermoso regalo.

En ese momento, recibes la gracia que te hace comprender uno de los maravillosos atributos de Dios. Además, esta es la clave para una relación personal y profunda por medio de Jesucristo.

La gracia te permite apreciar lo maravilloso de nuestro Dios y su misericordia.

¿Has sentido cuando llegas a un lugar o hablas que te sientes especial, te ven especial, te dicen que tienes un brillo en los ojos o hay algo que reflejas?

Pues bien, esa es la gracia de Dios en tu vida y en tu ser.

Es un regalo maravilloso. Así que apréciala y disfrútala.

Notas: _____

_____

En verdad, quien me encuentra, halla la vida
y recibe el favor del SEÑOR.
Proverbio 8:35

El favor de Dios es un regalo

Dios quiere que te vaya bien. Estos días estamos hablando acerca de los regalos que vienen incluidos cuando tenemos a Jesús.

El favor de Dios es uno de ellos. Dios nos ayuda, nos prospera y nos da lo que tú y yo necesitamos. Muchas personas piensan que contar con el favor de Dios es tener dinero, pero sabemos de otras tantas personas que conociendo a Jesús aman el dinero y hacen lo que tengan que hacer con tal de depender del dinero. Lo que es más triste, otros incluso son ricos, pero viven en una absoluta pobreza emocional. Están solos, o se sienten solos, aunque tengan muchas personas a su alrededor. Perciben que nadie ni nada los llena.

Dios solo quiere que tú y yo establezcamos un equilibrio perfecto a fin de poder disfrutar de sus bendiciones y de su favor.

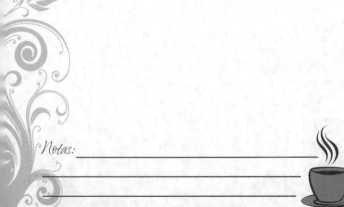

Notas:

Amado, yo deseo que tú seas prosperado en todas las cosas,
y que tengas salud, así como prospera tu alma.
3 Juan 2, RV-60

Disfrutemos las bendiciones

Es posible que las cosas de las que hablamos en los devocionales anteriores sean nuevas para ti. Si ese es tu caso, debes aprenderlas a fin de aprovecharlas como es debido.

No obstante, si ya las conoces, debes recordarlas y volverlas a aplicar a tu vida. A veces, el caminar en Cristo te puede hacer sentir que ya nada te sorprende, que Dios te lo da todo. Así que no vives una relación personal con Él.

Mi primer consejo es que debes aprender a conocer a Jesús, de modo que logres entender muchas cosas que no comprendes aún. Cuando conocemos el nombre de Jesús con propiedad, podemos caminar de manera recta en sus caminos. Eso nos da la fortaleza para huir de la tentación y nos da la alegría para mantenernos firmes a pesar de las cosas que afrontemos en la vida.

Por lo tanto, no importa lo que estés pasando en estos momentos. Dios no te abandonará y siempre te protegerá porque eres de gran valor para Él.

Notas: _____

_____

Por la misericordia de Jehová no hemos sido consumidos,
porque nunca decayeron sus misericordias.
Nuevas son cada mañana; grande es tu fidelidad.
Lamentaciones 3:22-23, RV-60

La misericordia

Todos somos pecadores y nacimos con esa ley del pecado. Sin embargo, el acto más hermoso de Dios para limpiar nuestra naturaleza pecaminosa, y sin merecérnosla, fue cuando nos dio a su único Hijo para que muriera por ti y por mí, y darnos de esa manera el perdón de los pecados y una vida nueva.

Dios perdona nuestros pecados y, como dice su Palabra, los echa al fondo del mar y nunca se vuelve acordar de ellos.

No obstante, como el pecado es algo que está en nuestro ser, muchas veces va a querer salir la vieja naturaleza y le vamos a fallar a nuestro Dios. Es decir, vamos a pecar. Aun así, esto no se debe convertir en un juego, como si dijéramos: «Ah, bueno, yo peco, pero le pido perdón a Dios y Él lo olvida».

Con todo, si el arrepentimiento es de corazón, y así le fallemos cada día, su misericordia es la que nos permite continuar a pesar de los errores cometidos.

Recuerda que las misericordias de Dios son nuevas cada mañana.

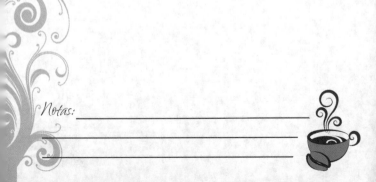

Notas:

Dios, que es rico en misericordia, por su gran amor
por nosotros, nos dio vida con Cristo.
Efesios 2:4-5

Oración por el amor de Dios

Señor, hoy he recordado que el favor, la gracia y tu misericordia son muestras grandiosas de tu amor por mí.

Puedo entender que ya perdonaste mis pecados con el mayor sacrificio que hiciste por la humanidad, al entregar a tu único Hijo, Jesús, para que sufriera una muerte de cruz a fin de darme vida eterna.

Señor, ayúdame a vivir esto ahora como un principio de vida y a no sentirme nunca más culpable. Que aunque te falle porque soy humano, nunca más volveré a pensar que ya no me quieres o que me vas a quitar el regalo de una vida eterna.

Que si caigo, me levantaré y seguiré adelante en esta nueva oportunidad de vida. Y que si me desvío, con tu amor me encaminarás y corregirás.

Gracias, Dios mío, por el regalo de la vida.

Ayúdame a conocer cada día más tu amor.

Amén y amén.

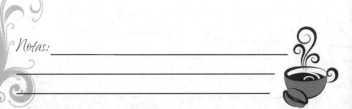

Notas: _____

_____

*Oh Señor [...] por todas las generaciones
proclamará mi boca tu fidelidad.
Declararé que tu amor permanece firme para siempre.*
Salmo 89:1-2

Vivamos el hoy

Doy gracias a mi Dios porque muchas personas comienzan su día con este humilde devocional y lo digo así porque no soy pastora ni mucho menos. Aun así, Dios me ha dado el don y el gran privilegio de inyectar entusiasmo y alegría a la gente debido a todo lo que se pierde cuando se tienen tantas cosas en la mente y la vida es muy agitada.

Agradezco a cada uno de los oyentes que me ha dicho que mis oraciones y mis palabras de aliento han sido y siguen siendo de bendición para sus vidas y su diario vivir. ¡GRACIAS!

En realidad, esa debe ser nuestra actitud. Muchas veces he llegado durante estos diez años a la radio con diversas preocupaciones, enfermedades, problemas económicos y situaciones que vivimos todos los seres humanos. A pesar de eso, Dios ha sido tan grande que, en medio de esas circunstancias, todo se olvida al llegar al micrófono. Es como si pasara a otro plano. De mi boca solo sale agradecimiento a Dios y unos inmensos deseos de decirte: «Dios te ama, Dios te cuida, Dios está interesado en tu problema, Dios quiere hacerte feliz».

No obstante, dependerá mucho de nuestra actitud. Nosotros somos lo que hablamos o lo que confesamos. Si te levantas amargado y desde que abres tus ojitos y tu boca lo primero que pronuncias son palabras negativas, sales de tu casa en ese tono, lo llevas en mente y se lo dices a tu familia y a tus compañeros, eso es lo que vas a ser.

Por favor, rompe esa manera de actuar y hazte el propósito desde hoy mismo hablar cosas lindas y confesar lo que deseas ser.

Notas: _____

_____

¿Qué Dios hay como tú, que perdone la maldad
y pase por alto el delito del remanente de su pueblo?
No siempre estarás airado, porque tu mayor placer es amar.
Miqueas 7:18

El Rey de nuestra vida

Muchos de los asuntos que nos alejan de nuestra relación linda con Dios es el amor a otras cosas. Quizá preguntes: «¿Por qué? ¿Qué hay de malo en amar otras cosas que no sean Dios? ¿O es que acaso no puedo amar a mi cónyuge?».

Todas esas preguntas tienen una misma respuesta y es aplicable para otras no mencionadas. Tú y yo podemos decir: «Bueno, mi amor está puesto en...».

Lo preocupante de llevar a extremos esos amores está en cuando le damos un trono y se convierten en el rey de nuestra vida: El dios dinero, el dios de tu esposo, el dios de tus hijos, del trabajo. Estos dioses nos roban el primer y único lugar en el que debe estar Dios. Atiende esto, nada debe ser más importante en tu vida que Dios. Ni siquiera el amor a la obra, a la iglesia, ni a tu llamado. Nada debe ser más importante que Dios en tu vida.

He aprendido que, en ese sentido, Dios es un Dios celoso y no va permitir que tú y yo hagamos reyes a nada ni a nadie. Además, Él sí que es especialista en derrumbar esos reyes, esos altares y esos dioses.

Rinde en este día ese rey que has levantado, dile a Dios que te perdone y comienza por darle a Él su lugar.

Notas: _____

_____

*Dichoso el que pone su confianza en el Señor y no recurre
a los idólatras ni a los que adoran dioses falsos.*
Salmo 40:4

Oración para dejar los reyes falsos

Qué maravilloso poder sellar con una oración, Dios mío, mi compromiso de entregar y desmontar reyes que había levantado y que estaban ocupando tu lugar.

Acudo a tu misericordia reconociendo que por mucho tiempo mi dios fue el dinero, mis hijos, mi trabajo, mi posición y mis pertenencias.

Hoy, Señor, destrono todas estas cosas o personas que me han alejado de ti. También te doy gracias porque me das la oportunidad de entregarlas hoy y reconocer que yo dependo de manera exclusiva de ti.

Hago hoy un pacto contigo de que nunca más volveré a poner mi mirada en personas o en cosas materiales, sino que apreciaré todo lo que me das día a día.

Hoy te declaro, Dios mío, «el Rey de mi corazón».

Cambia mi vida, Señor.

Amén y amén.

Notas: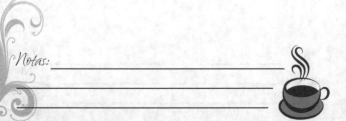

Por encima de todo, vístanse de amor,
que es el vínculo perfecto.
Colosenses 3:14

Agradecimiento por nuestras madres

El segundo domingo de mayo, se celebra en muchos países el Día de las Madres.

Entonces, ¿cómo no dedicar un espacio en este libro para honrar a mamá?

Sé que no todas las mujeres han sido buenas madres. Además, sé que si piensas hoy en tu niñez quizá no tengas los mejores capítulos de tu vida para decir: «Mi mamá fue buena, me cuidó, me protegió y hoy soy lo que soy gracias a ella y a su ejemplo». Comprendo que eso sería lo ideal. Sin embargo, este libro tiene el único propósito que es animar, motivar y exhortar a vivir una vida con principios y con una base sólida en Cristo, y aprovechar lo que Dios te muestre y hacerlo. De ahí que, por principio, debas ser obediente a la Palabra y honrar a tu madre, sin importar lo que haya pasado. Solo ámala, perdónala y queda en paz y a salvo con Dios y, por supuesto, con ella.

Te sentirás muy bien al hacerlo. Pues bien, ¿por qué no aprovechas este día para llamarla, visitarla, tener un detalle con ella y buscar una restauración en esa relación?

Yo también aprovecho para honrar a mi mami, Norma, porque ha sido una madre maravillosa. Me ha apoyado todos los días de mi vida. Ha estado conmigo aun en las malas decisiones y equivocaciones, no para juzgarme, sino para levantarme. Ha sido mi amiga, confidente, compañera y mi enfermera por cinco meses. Cuando más la necesité, dejó todo en Colombia por venir a atenderme. Es un ejemplo de disciplina y liderazgo. Es una buena abuelita y una excelente suegra. Por todo esto y más, ¡GRACIAS, MAMI, eres la mejor!

Notas: _____

_____

_____

Ámense los unos a los otros con amor fraternal,
respetándose y honrándose mutuamente.
Romanos 12:10

La honra

Según nuestras propias palabras, la honra es reconocimiento, respeto y una bendición cuando honramos a quien merece la honra. Debemos honrar, como ya dijimos, a nuestros padres, a nuestros líderes, a nuestros jefes y a nuestros hijos, cuando hacen algo que amerita el reconocimiento.

Honrar a Dios con nuestros diezmos y ofrendas es una manera de regresarle lo que Él nos ha dado. Es devolverle lo que es suyo.

También se honra a Dios con nuestro comportamiento y cuidando nuestro testimonio. De manera que, como existe la honra, también existe la deshonra, que es todo lo contrario. Con la deshonra nos desacreditamos, lastimamos nuestro testimonio, perdemos el propósito y avergonzamos a nuestro Dios.

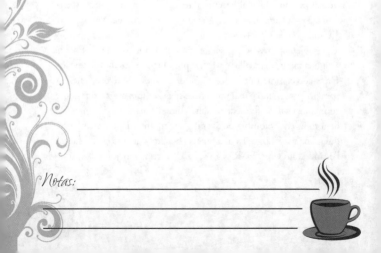

Notas: _____

_____

*Bendeciré al Señor, que me aconseja; aun de noche
me reprende mi conciencia. Siempre tengo presente al Señor;
con él a mi derecha, nada me hará caer.*
Salmo 16:7-8

Decepcionados

Hace unos meses, como casi todos los días, recibí una llamada de una oyente jovencita y muy desilusionada de su pareja. Vivió con él por catorce años, pero nunca llegaron a casarse. De esa relación quedaron tres hijos, uno de once años, otro de tres y el último de dieciocho meses.

Hace más de un año, se separó de él porque descubrió que la había engañado con varias mujeres y decidió pedirle que se fuera de la casa. A raíz de esa decisión, comenzó el calvario para esta joven madre. El padre de sus hijos no la volvió ayudar económicamente y la amenaza sin cesar con quitarle a los niños. Como si fuera poco, la está tratando de manipular diciéndole que la única manera en que la ayuda es si se va a vivir donde le diga, obligándola a vivir con la ex suegra. Además, le habla mal a los niños de ella tildándola de loca.

Nuestra oyente llamó desesperada porque no quería vivir bajo amenazas. Buscaba ayuda legal ya que, al no estar casada, no sabía si tenía algún derecho, al igual que sus hijos.

Esta pudo haber sido mi historia o tu historia, pero nos deja varias moralejas.

Debemos hacer las cosas legalmente ante Dios y ante los hombres. No por las amenazas de alguien debemos bloquearnos ni aterrorizarnos. Por el contrario, debemos resaltar quiénes somos en Jesucristo.

Hoy en día, ella y sus hijos están recibiendo consejería y asesoría legal. Así que poco a poco va recuperando su autoestima.

Por favor, todo lo que hagas consúltalo con Dios y recuerda que Él es el único que no falla ni te dejará.

Notas: _____

_____

_____

Estas cosas os he hablado para que en mí tengáis paz.
En el mundo tendréis aflicción;
pero confiad, yo he vencido al mundo.
Juan 16:33, RV-60

Dios no nos abandona jamás

Al igual que nuestra oyente de ayer, muchos quizá se sintieran identificados con su caso. Han cometido grandes errores que, al final, afecta su vida y la de sus hijitos.

Tal vez parezca repetitivo, pero Dios es y será el único que no te abandonará jamás. Así hayas quedado sola con tus hijos y tu esposo te haya abandonado, no temas porque Dios promete acompañarte. Comprendo que esta etapa de la vida es muy dolorosa. Lo sé de mi primera mano, pues la viví también. Incluso, se llega a pensar que nunca saldremos adelante.

Como una mujer de Dios, mi consejo es que no te quedes estancada en esa etapa. Echa para delante y piensa por primera vez en ti.

Entrégale tus preocupaciones a Dios.

Notas: _____

_____

Y ahora, Señor, ¿qué esperanza me queda?
¡Mi esperanza he puesto en ti!
Salmo 39:7

Los hijos del divorcio

Esta semana la he dedicado a ese problema triste y común que es la separación o el divorcio, y he motivado a las mujeres, y a los hombres por igual, a seguir adelante a pesar de sus frustraciones. Sin embargo, hoy llego como una gran defensora de los «hijos del divorcio».

No les hagamos más daño del que ya les hemos ocasionado con la triste noticia de que papi y mami no seguirán viviendo juntos, pues ese es un trauma de por vida que solo se logra sanar por la misericordia de Dios.

Cuando nos separamos o divorciamos, es como si olvidáramos que esos hijitos son el resultado de esa relación. Caemos en el grave error de cobrarnos la venganza por nuestras manos y ponemos a los hijos de carnada.

Nuestros hijos pasan a sufrir la manipulación y los convertimos en mensajeros para nuestro ex. Lo triste de todo es que, en la mayoría de los casos, esos mensajes van con amenazas, insultos y lo que menos damos es un buen ejemplo. Incluso, a menudo los papás cortan la ayuda económica a fin de castigar a las madres y no les dan dinero.

Si estás pasando por algo así, recuerda que necesitas la intervención de Dios en tu vida y mucha oración y protección en esta nueva etapa que estás experimentado. Así que el mejor consejo que te puedo dar es el siguiente: «Busca a Dios y entrégale por completo tu vida y la de tus hijos».

Notas: _____

_____

_____

El Señor [...] restaura a los abatidos
y cubre con vendas sus heridas.
Salmo 147:2-3

Oración por los hijos del divorcio

Ay, Señor, aquí sí que calificamos varias personas. En la actualidad, es muy común ser hijos de padres divorciados. A pesar de eso, hoy vengo a ti como hija afectada por ese mal. Vengo como madre y mujer que pasó por divorcios y, por consiguiente, dejé a mis hijas en un hogar disfuncional.

Padre, acudo a ti porque sé que eres el único que nos puedes sanar esas heridas, porque sé que eres el único que puedes ayudar a pasar este trago amargo a muchas personas que lo viven hoy. Porque tú, mi Dios, das consuelo y eres el único que en medio del dolor no nos abandonas.

Te pido, por favor, que guíes a cada padre y madre involucrados en divorcios en este momento. Permite que tomen decisiones adecuadas a fin de que no solo piensen en ellos y sus beneficios, que dejen a un lado el egoísmo y piensen en sus hijos y en las consecuencias de un divorcio. También te pido por los hijos de modo que mitigues el dolor que están experimentando y puedan creer que no son los culpables de los problemas de sus padres, ni de ese divorcio.

Ten misericordia de cada hijo afectado, desde los pequeños hasta los grandes, porque para todos es doloroso ver partir a mamá o papá de casa. Te pido protección para que cada hijo del divorcio pueda seguir adelante y encuentre su identidad en ti. Que aunque sean hijos de padres divorciados, logren seguir adelante y ser felices cuando los adultos puedan tener hogares sólidos.

Dios mío, sana las heridas de cada familia y bendícelos. En el nombre de Jesús, amén y amén.

Notas: _____

_____

_____

*Cuando estén orando, si tienen algo contra alguien,
perdónenlo, para que también su Padre que está en
el cielo les perdone a ustedes sus pecados.*
Marcos 11:25

Otra oportunidad

Si Dios es un Dios de oportunidades, ¿por qué a nosotros a veces nos cuesta tanto darnos otra oportunidad y dársela a alguien que nos ha fallado?

Si lo vemos en el campo de las relaciones sentimentales, en el matrimonio, siempre vamos a tener dificultades. Sin embargo, ¿quién dijo que iba hacer fácil vivir con otra persona que tiene otras costumbres y otra manera de hacer las cosas?

Sé que muchas veces esos problemas en las relaciones se van agravando hasta llegar a la línea peligrosa de la falta de respeto. Entonces, como es natural, lo primero que aparece por allí en nuestra mente es el pensamiento de la separación o, lo que es peor, el divorcio.

En el ámbito de las relaciones de amigos, aparecen los errores que comenten otras personas con nosotros en el trabajo o muchas situaciones que se presentan en la vida.

Por lo tanto, debemos considerar siempre la posibilidad de brindar una oportunidad. Nada en la vida es perfecto y mucho menos en el ser humano. Recuerda que el único perfecto es DIOS.

Conozco de muchas personas que, aunque han reconocido que tienen problemas, han tomado la decisión de dejar atrás todo orgullo, perdonar y darse una nueva oportunidad.

Cuando amas y cuando ves que esa persona a la que quieres dejar hoy tiene cualidades y virtudes, puedes ampliar tu mirada y no enfocarte solo en la parte negativa. De ese modo, puedes colocar en una balanza tu relación y darte una oportunidad.

Notas: _____

_____

_____

Sean bondadosos y compasivos unos con otros, y perdónense
mutuamente, así como Dios los perdonó a ustedes en Cristo.
Efesios 4:32

Oportunidad contra beneficios

Cuando perdonas de corazón, vives un principio muy grande para tu vida. Sin duda, leíste bien el versículo de ayer. Por eso te invito a que pasemos la hoja y lo leamos juntos con detenimiento. Ese pasaje nos dice que si tenemos algo contra alguien lo perdonemos, para que Dios nos perdone también. O sea, para ponerlo bien claro: Si no perdonamos a los que nos ofenden, Dios tampoco nos perdonará nuestras ofensas.

Es muy fácil de comprender cuando lo leemos, pero muy duro muchas veces llevarlo a la práctica. En realidad, eso es vivir la Palabra de Dios. No se trata solo de leerla y comentar: «Ah, está bien», sino de aceptarla y decir: «Lo entiendo y lo voy a hacer».

La oportunidad tiene muchos beneficios. Entre otros, nos hace humildes. Es posible que estés pensando: «¡Se ve bien que no sabes lo que me hizo! ¿Cómo le voy a dar otro chance?». Pues ahí es justamente donde está la diferencia. Debes ser humilde, dejar el rencor y olvidar, pero de corazón, no de dientes para fuera de modo que cada vez que tengas otra situación vuelvas a traer a colación lo que pasó. ¡Y ojo, eso es muy dado en nosotras las mujeres!

Por lo tanto, siempre que intentas perdonar recibes bendición, pues al ser humilde y perdonar como Dios te perdona, das frutos de madurez y siembras en tu vida para bien. Entonces, cuando el día de mañana falles, seguro que te gustaría que te dieran otra oportunidad. Recuerda: Todos los días cometemos errores, pero no todos los errores significan que no tienen remedio. Además, ten presente todo el tiempo que Dios es un Dios de oportunidades.

Notas: _____

_____

Porque juicio sin misericordia se hará con aquel que no hiciere
misericordia; y la misericordia triunfa sobre el juicio.
Santiago 2:13, RV-60

Aprendamos y apliquemos

Quise dejar este pasaje tal y como aparece en la Biblia, pues encierra todo lo que venimos aprendiendo en estos dos últimos devocionales y se aplica para cualquier situación.

«El siervo se postró delante de él. "Tenga paciencia conmigo —le rogó—, y se lo pagaré todo." El señor se compadeció de su siervo, le perdonó la deuda y lo dejó en libertad.

»Al salir, aquel siervo se encontró con uno de sus compañeros que le debía cien monedas de plata. Lo agarró por el cuello y comenzó a estrangularlo. "¡Págame lo que me debes!", le exigió. Su compañero se postró delante de él. "Ten paciencia conmigo —le rogó—, y te lo pagaré." Pero él se negó. Más bien fue y lo hizo meter en la cárcel hasta que pagara la deuda. Cuando los demás siervos vieron lo ocurrido, se entristecieron mucho y fueron a contarle a su señor todo lo que había sucedido. Entonces el señor mandó llamar al siervo. "¡Siervo malvado! —le increpó—. Te perdoné toda aquella deuda porque me lo suplicaste. ¿No debías tú también haberte compadecido de tu compañero, así como yo me compadecí de ti?" Y enojado, su señor lo entregó a los carceleros para que lo torturaran hasta que pagara todo lo que debía.

»Así también mi Padre celestial los tratará a ustedes, a menos que cada uno perdone de corazón a su hermano».
Mateo 18:26-35

Notas: _____
_____
_____

El Señor mismo marchará al frente de ti y estará contigo;
nunca te dejará ni te abandonará. No temas ni te desanimes.
Deuteronomio 31:8

Dios nos ayuda

Hoy vamos a pedirle a Dios que nos ayude a ser mujeres y hombres sencillos que vivamos nuestra vida de acuerdo con su voluntad.

Sabemos que no podemos esperar más de los demás cuando no caminamos una milla extra. También sabemos que hay excepciones en esto de las oportunidades, ya que no le vas a dar la oportunidad a una persona que representa un peligro para ti o los tuyos y que hay situaciones en las que debemos soltarnos en las manos de Dios. Si eres víctima de maltratos, violaciones, ofensas o chantajes, o a tus hijos los maltratan y sufren el abuso que pone en peligro sus vidas, es urgente que vayas en busca de ayuda. Rompe el silencio y sal de ese círculo dañino porque Dios no te quiere ver de ese modo. Ante todo, tú eres un hijo de Dios. Por eso es tan importante tener un consejero o una persona que te escuche y te pueda ayudar a salir adelante en cualquier situación.

La buena noticia es que, en medio de cualquier tribulación, Dios nos ayudará.

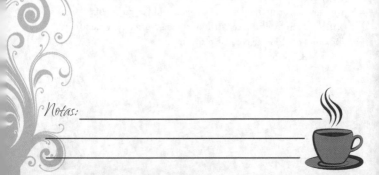

Notas: _____

_____

Alabado sea Dios, Padre de nuestro Señor Jesucristo,
que nos ha bendecido en las regiones celestiales con toda
bendición espiritual en Cristo.
Efesios 1:3

Semana de celebración: La bendición

Esta semana quiero que sea de mucha bendición para cada uno de nosotros.

Siempre he sido consciente de que a Dios no solo le agrada que tú y yo le pidamos cosas, sino que también le agrada mucho que seamos agradecidos. Por alguna razón, cada vez que hablamos con Dios, lo primero que tiende a salir de nuestra boca es: «Señor, dame. Señor, has esto. Señor, quita», y así sucesivamente. Sin embargo, esta semana quiero que celebremos.

La celebración es testificar y reconocer el poder de Dios en nuestras vidas. La celebración es sinónima de alegría y de que tenemos alguien en el cual confiar y al cual creer.

Piensa por un momento en lo mayor que Dios ha hecho por ti en tu vida y dale gracias ahora mismo.

Notas: _____

_____

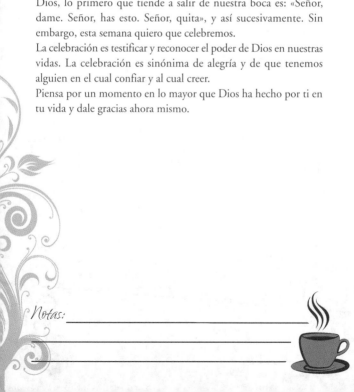

Bueno es el SEÑOR; es refugio en el día de la angustia,
y protector de los que en él confían.
Nahúm 1:7

Semana de celebración: La protección

En el día de hoy, celebramos que Dios nos protege aun cuando dormimos. Celebramos con gratitud que nos protege a nosotros y a los nuestros de todo mal y peligro.

Celebramos que nos ha guardado en medio de un accidente, enfermedad, vicio o destrucción. Por eso, le damos gracias porque a pesar de que nuestros hijos están expuestos a las malas compañías y las malas influencias, Él los guarda y los mantienes en sus caminos.

Celebramos que Dios nos protegió en tiempos donde no buscamos su rostro, donde usamos su santo nombre en vano y olvidamos de dónde nos libró. Ahora vemos y reconocemos que Dios nos protegió y nos libró quizá de la muerte y nos sacó del hoyo más profundo en el que caímos.

Traigamos hoy como ejercicio los momentos donde vimos la intervención de Dios en diferentes ocasiones de la vida y démosle gracias.

Gracias, Señor, por tu protección.

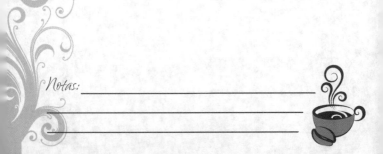

Notas: _____

_____

¡Despierta, alma mía! ¡Despierten, arpa y lira!
¡Haré despertar al nuevo día!
Salmo 57:8

Semana de celebración: El nuevo día

Sé que después de esta semana de celebración tú y yo tendremos un corazón muy agradecido por Dios. Seremos capaces de recordar todo lo grande que es nuestro Padre y todo lo hermoso que es Él.

Hoy celebramos que tenemos un día más de vida, que a Dios le plació que nos levantáramos, que respiráramos, que hoy es una nueva oportunidad para reparar lo que se dañó, que hoy, como te lo he dicho otras veces, la misericordia de Dios es nueva. Celebramos que hoy puede ser el día en que alcancemos esos sueños o lleguemos por fin a la meta tan esperada.

Hoy es un nuevo día en el que nuestro Señor tiene preparada cosas hermosas. Recuerda que Él siempre quiere lo mejor para nosotros. Ánimo, levántate con la expectativa de dejarte sorprender hoy por Dios.

Notas: _____

_____

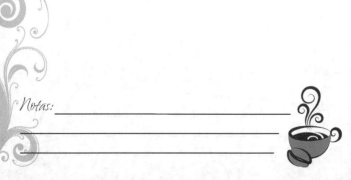

El gran amor del Señor nunca se acaba,
y su compasión jamás se agota. Cada mañana se renuevan
sus bondades; ¡muy grande es su fidelidad!
Lamentaciones 3:22-23

Semana de celebración: La fidelidad

Solo podría basar mis enseñanzas bajo este título de hoy: «La fidelidad de Dios para con mi vida».

Dios ha sido más que fiel. Ha tenido paciencia conmigo y me ha demostrado que aunque le he fallado miles de veces, Él siempre tiene amor hacia mí. Aunque me ha disciplinado, y en ocasiones he sentido su fuerte represión, hoy entiendo que lo hizo por amor a mí.

Ten presente que esta semana celebramos muchas cosas. Así que, como ejercicio, estamos recordando los miles de momentos en los que Dios nunca nos ha fallado:

Recuerda cuando quizá te quedaras sin trabajo y pasaron meses, pero que jamás te faltó nada.

Recuerda cuando tal vez no tuvieras tus documentos legales para vivir en Estados Unidos, manejabas sin licencia o trabajabas con un documento prestado. O a lo mejor estuviste ilegal por años sin tener problemas y, aun así, tuviste casa, auto y alimentos para tu familia. Esa, mi amigo, es la «fidelidad de Dios».

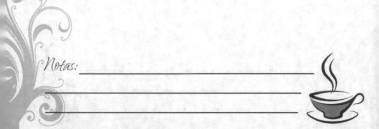

Notas:

Porque de tal manera amó Dios al mundo, que ha dado
a su Hijo unigénito, para que todo aquel que en él cree,
no se pierda, mas tenga vida eterna.
Juan 3:16, RV-60

Semana de celebración: El amor

La muestra más hermosa y grande del amor de Dios la hizo hace más de dos mil años cuando Dios entregó a su único Hijo, Jesucristo, para que viniera a este mundo hecho hombre y muriera por el perdón de nuestros pecados.

En realidad, no fue una muerte sencilla, Todo lo contrario, fue la peor manera en que podía morir un ser humano. Fue una muerte de cruz. ¿Sabías que la muerte de cruz era la más humillante en esa época? Así morían los ladrones y los repudiados. Además, era una muerte cruel y lenta.

Recuerda hoy ese sacrificio que Dios hizo por amor a nosotros para darnos una vida eterna.

Cuando tenemos este episodio claro en nuestra mente, podemos comprender que la salvación es un regalo de Dios y que desde ese capítulo de la historia, Dios nunca ha dejado de amarnos. Así nos lo demuestra día a día con la vida, las bendiciones, la naturaleza hermosa que disfrutamos y con la esperanza que cuando nos toque partir de este mundo, estaremos en su presencia por toda una eternidad.

Notas: _____

_____

Busquen primeramente el reino de Dios y su justicia,
y todas estas cosas les serán añadidas.
Mateo 6:33

Semana de celebración: La búsqueda

Esta semana la hemos dedicado a celebrar todo lo que Dios ha hecho en nuestras vidas y lo que hará. Hemos realizado un recorrido por distintas situaciones en las que hemos visto su protección, sus nuevas oportunidades, su fidelidad y sus regalos de amor. La pregunta que cabe ahora es la siguiente: ¿Cómo es que después de todo lo que Él hace por ti no vas a la iglesia?

Dios quiere que vayas a la iglesia porque allí crecerás en lo espiritual y escucharás palabra que necesitas oír. Además, cuando vas a la iglesia, estás ayudando a guardar tu vida y la de tus hijos de modo que crezcan en sus caminos rodeados de personas que se preocuparán por sus vidas. También te podrás sentir útil. Muchas veces las personas me dicen: «¿En qué puedo ayudar si quiero servir a Dios y deseo hacer algo por los demás?».

Pues bien, las iglesias están llenas de necesidades, ya que son los hospitales de los enfermos del alma. De la misma forma en que tú saliste adelante y te ayudaron, otros necesitan hoy de ti.

Si ya estás en la iglesia, ámala, cuídala, apoya a tus pastores y sigue haciendo lo que Dios te manda. Si aún no vas a ninguna iglesia, es tiempo de buscar una que tenga una sana doctrina y donde tus hijos se puedan sentir felices. Deja el pretexto de que trabajas mucho y no tienes tiempo de ir a la iglesia. ¡Mucho cuidado! Dios podría pensar igual: «No tengo tiempo para tus problemas tampoco».

Hoy celebramos que la búsqueda de Dios y tener una iglesia es una bendición.

Notas: _____

_____

Ustedes me invocarán, y vendrán a suplicarme,
y yo los escucharé. Me buscarán y me encontrarán,
cuando me busquen de todo corazón.
Jeremías 29:12-13

Semana de celebración: La oración

La oración no debe ser la repetición como loritos de las palabras que nos han enseñado. La oración va más allá, pues es un principio de vida. Es un recurso que nos dejó Dios a fin de interceder por los demás. Es una comunicación directa con Él.

En el momento de la oración debemos abrir nuestro corazón al Padre que está ahí pendiente de lo que estamos orando. Por eso, la oración no es una técnica, aunque debemos aprender a orar y ser precisos en la manera de orar. Es decir, debemos ser específicos cuando le estemos pidiendo algo a Dios.

La oración por las necesidades de los demás trae también tremendos beneficios. En el Manual de Instrucciones, Dios dice que cuando nos preocupamos por los problemas de los demás, Él se preocupa por los nuestros.

La oración es milagrosa. Además, la oración debe servir de protección. Por eso es tan importante cubrir con oración a nuestros hijos, cónyuges y hasta el trabajo y los compañeros. La oración es tan poderosa que Dios nos manda a orar hasta por nuestros enemigos.

La Palabra también nos dice que debemos orar sin cesar. Si no estás acostumbrado a hacerlo, no te preocupes. Empieza poco a poco cuando estés a solas con Dios. Habla con Él y hazlo todos los días hasta que llegue el momento en que, aun cuando estés es la calle, te encuentres en comunicación permanente con tu Padre.

Notas: _____

_____

Me invocará, y yo le responderé; con él estaré
yo en la angustia; lo libraré y le glorificaré.
Salmo 91:15, RV-60

La tormenta

Este tiempo del año se conoce en la Florida como la época de los huracanes, las tormentas y los tornados. Y cada vez que se forma uno de estos fenómenos de la naturaleza, nos preparamos, bueno, al menos con los huracanes y las tormentas, pues los tornados se forman de repente.

Siempre que hay amenazas de huracanes, o cuando vamos a recibir el impacto de fuertes lluvias, nos avisan que debemos comprar agua, linternas, baterías, comida enlatada y muchas cosas necesarias para pasar esos días. Asimismo, debemos prepararnos para los tiempos difíciles.

Sabemos que hay, como dice la Biblia, tiempos de vacas flacas y tiempos de vacas gordas en cuanto a la economía. También nos dice que habrá tiempos para llorar, morir, sembrar y así muchas otras cosas que se nos presentarán en la vida. De ahí que nuestra preparación debe ser como si en verdad nos avisaran que viene una prueba.

Por lo tanto, nuestro equipo debe tener oración, comunión con Dios y lectura de la Palabra. Lo que es más importante, debemos creer en las promesas de Dios de modo que, cuando vengan tiempos difíciles, estemos fortalecidos y confiados en que Él tiene el control.

Recuerda: En la temporada de huracanes... ¡prepara tu kit! En la temporada de pruebas... ¡prepara también tu kit!

Notas: _____

_____

_____

*¿Qué Dios hay como tú, que perdone la maldad
y pase por alto el delito del remanente de su pueblo? [...]
y arroja al fondo del mar todos nuestros pecados.*
Miqueas 7:18-19

Los errores más comunes

Quisiéramos vivir la vida sin caer en tantos errores, pero Dios los permite por varias razones. Primero, para glorificarse. Si todo nos fuera bien y no tuviéramos luchas de ningún tipo, ¿te imaginas cómo seríamos? De seguro estaríamos lejos de Dios. Sin embargo, las equivocaciones y las caídas nos hacen estar bien agarraditos del Padre.

De los errores aprendemos y esa es una de las razones por las que Dios, que conoce por completo nuestra vida, nos permite atravesar circunstancias difíciles en las que pareciera que Él no está y que nunca vamos a salir adelante. Soy la primera en reconocer esos errores, pues muchas veces en mi vida tomé decisiones de las que me arrepiento y en las que no tuve en cuenta a Dios. En realidad, me aparté de su cobertura y viví las consecuencias.

Otro error del que debemos huir es el de alejarnos de Dios. Si nos alejamos de Él, tendremos grandes posibilidades de que nos enredemos en situaciones difíciles. También mucha gente comete el doble error de alejarse de Dios y permitir la influencia de personas que lo que menos quieren es que uno esté en los caminos del Señor.

Mi consejo en este día es que la vida sin Dios es vacía, no tiene sentido.

Así que ten una relación profunda con Él, a fin de que te guíe aunque hayas caído de nuevo.

Notas: _____

_____

_____

SEÑOR, hazme conocer tus caminos; muéstrame tus sendas.
Encamíname en tu verdad, ¡enséñame!
Salmo 25:4-5

Oración por dirección

Dios mío, te agradecemos este nuevo día. Gracias porque nos aumentas la bendición de un día más para vivir.

Vengo a ti reconociendo que eres Dios y que te necesitamos.

Señor, como intercesora tuya, te suplico que ayudes a cada uno de mis amigos, oyentes y a todos en general de modo que los llenes de sabiduría para que logren entender tus caminos y, por consiguiente, tu perfecta voluntad.

También te suplico que los ayudes siempre que se equivoquen y les extiendas tu misericordia las veces que sea necesaria.

Permite que la vida de cada persona que hoy lee este devocional se conmueva de tal manera que sea capaz de discernir y escuchar mejor tu voz y hacer tu voluntad. Dios mío, guarda a cada familia representada a través de este libro, a los oyentes y a todo el que lo pueda tener en sus manos.

No permitas que nos desviemos ni a la derecha ni a la izquierda.

Ayúdanos a permanecer en ti.

Amén y amén.

Notas: _____

_____

*Alégrate, joven, en tu juventud; deja que tu corazón
disfrute de la adolescencia.*
Eclesiastés 11:9

Aprovecha tu juventud

El matrimonio a temprana edad no es recomendable. Hoy en día, es muy común escuchar de alguien que se casó entre dieciocho a veinte años de edad. No generalizo, pues a muchos les va bien. Sin embargo, hay otros que no están seguros de lo que quieren y se casan por huir de sus padres o por meter la patita. Entonces, se aburren del matrimonio, se alejan de la iglesia y desean otras experiencias para vivir lo que no disfrutaron por casarse tan temprano.

Joven, no te cases por imitación y disfruta tu juventud. La vida de matrimonio no es fácil y menos con hijos. Vive y date el tiempo para casarte con la persona adecuada y en el tiempo prefecto de Dios.

Padres, no patrocinen eso de que Dios me habló para que esa persona fuera el cónyuge de mi hija. No apoyes uniones solo porque creas que Dios le habló a alguien. Si Dios lo hizo, que sea Él mismo dando el tiempo para realizarlo.

Abuelos, nunca dejen de aconsejar a los nietos. Las canas tienen experiencia y sabiduría. Yo le agradezco a mi madre que siempre ha tenido el carácter y el amor para aconsejar a sus nietas.

Por último, pastores y líderes, no auspicien el hecho de que del primer noviazgo de nuestros adolescentes tengan que salir los cónyuges. Ese es un grave error y es muy común en nuestras iglesias. Es preferible que conozcan más gente y no que se cometan errores que a veces son irreparables.

Notas: _____

_____

_____

Con todo mi corazón te he buscado; no me dejes
desviarme de tus mandamientos.
Salmo 119:10, RV-60

Espera el tiempo de Dios

Esta semana aprendimos que debemos estar siempre preparados en lo espiritual a fin de poder afrontar las situaciones que se nos presentan en el diario vivir. Aprendimos sobre algunos de los errores que podemos cometer por alejarnos de Dios. Además, hablamos de tener muy presente con qué tipo de persona nos relacionamos, no solo en el ámbito de la amistad, sino también en los negocios, en los ministerios a los que nos asociamos y en quiénes llevamos a casa. En fin, necesitamos mucha sabiduría de nuestro Dios porque estos errores son muy frecuentes.

Ayer aprendimos que todo tiene su tiempo. Esto lo aplicamos al matrimonio, un paso tan importante y que muchos jóvenes dan sin siquiera estar seguros de amar a la otra persona. Es más, a veces se adelantan a lo que Dios les tiene o se dejan llevar por algunas personas que de manera irresponsable profetizan que serán marido y mujer. Entonces, cuando esas parejas se casan bajo tal presión ministerial, sus matrimonios no duran ni un suspiro. De ahí que cada vez veamos más jovencitas en las iglesias embarazadas y solas. ¡Niñas teniendo niños!

Que Dios nos ayude a ser buenos consejeros, líderes responsables, iglesias con doctrinas sanas y que las amistades con las que nos relacionemos sean sanas y adecuadas para los nuestros.

Notas: _____

_____

El comienzo de la sabiduría es el temor del SEÑOR;
conocer al Santo es tener discernimiento.
Proverbios 9:10

Semana de meditación
¿Qué es tu casa?

¿Recuerdas la popular frase de «Mi casa es tu casa»? Creo que en determinado momento se la hemos dicho a alguien. Esta semana, Dios me ha mostrado que meditemos en nuestras casas. Que pensemos en qué tipo de hogar tenemos y lo que vivimos allí. Por eso considero que será de gran bendición poder reconocer, cambiar y reforzar lo que estamos haciendo bien.

La casa más que un lindo apartamento con todos los lujos, o una casa súper moderna, debe ser un lugar de paz, amor, descanso, unión, celebración, adoración y otras muchas cosas que añadirás con toda seguridad.

En estos próximos días vamos a pedirle a Dios que nos haga comprender la clase de hogar en que estamos viviendo y que nos ilumine a fin de aceptar sus instrucciones para hacer cambios radicales en nuestra familia. Que nos muestre lo que les estamos brindando a los hijos y al cónyuge.

¡Prepárate para comenzar esta semana de análisis profundo y de cambios radicales!

Notas: _____

_____

_____

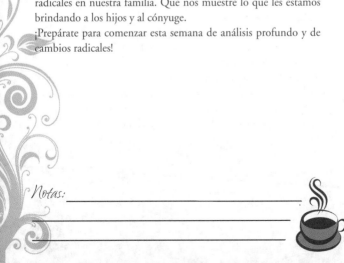

Así dice el Señor [...]
«Búsquenme y vivirán».
Amós 5:4

Semana de meditación

¿Tu casa es un cuadrilátero?

Es triste, pero a muchos nos ha tocado en alguna época de nuestra vida ver algún lugar de la casa convertido en un *ring* de pelea. Quiero que sepan que lo viví en algunas oportunidades. Durante mi primer matrimonio, tuve algunos problemas por violencia doméstica. Así que mi cuarto, baño y cocina fueron un cuadrilátero donde el público eran dos criaturas que temblaban de miedo.

¡Cuántas mujeres maltratadas saben de lo que estoy hablando! Sin embargo, no solo se trata de peleas entre parejas, también existen entre padres e hijos que se faltan al respeto. Incluso, puede haber algunos golpes en esas discusiones.

El problema no termina aquí, ¿qué me dicen de los hermanos en los que menos los une es el amor? Se odian y se desafían dentro de la casa a puño limpio, sin importar que el público presente sea sus padres y a veces abuelos.

Dios no formó la familia para que tú y yo la despedacemos de esa manera. A veces pienso en qué sentirá Dios cuando ve desde el cielo tanta agresividad.

Padres, hijos, no podemos permitir que esto siga pasando. Queremos hogares felices e hijos estables. Debemos cortar de raíz la violencia dentro de la familia. Si tu hogar está expuesto a este tipo de situación, debes buscar ayuda de inmediato.

Notas: _____

_____

Quiero triunfar en el camino de perfección: ¿Cuándo me visitarás?
Quiero conducirme en mi propia casa con integridad de corazón.
Salmo 101:2

Semana de meditación
¿Tu casa es un hotel?

Venimos analizando los diferentes tipos de hogares en los que quizá vivamos y sé que Dios nos está mostrando a cada uno lo que está mal y lo que debemos corregir con su ayuda. Tal parece que en la casa tipo hotel no vive nadie. Es posible que sean familias numerosas, pero como ninguno permanece allí, se asemeja más bien a un hotel. Cada uno tiene sus llaves y no hay un control de llegada ni de salida. La cocina en este hogar prácticamente no funciona, pues nunca se coincide en la casa a las horas de la comida.

Siempre que llega alguno de la familia, revisa si tiene mensajes y después se va a su habitación. Pueden pasar varios días sin verse a la cara los miembros de este tipo de hogar. Aquí en este hogar no hay *koinonía*, ni hay momentos para disfrutar en familia, muchísimo menos de orar, porque están muy ocupados.

En el hogar hotel no hay nadie que se preocupe por las necesidades de los demás a no ser que exista una emergencia que requiera la atención de todos sus huéspedes. Es un hogar muy frío donde se carece de la presencia de Dios.

¡Huy! ¿Habrá alguien que diga que así es su casa? ¿Que todo lo que se describe hoy es poco para el infierno en que vive?

Te recuerdo que Dios siempre tiene una oportunidad para ti. Solo necesitas un corazón arrepentido y entregarle al Señor esos errores. Entonces Él, con su amor, te dará un hogar como lo necesitan tus hijos. Un hogar en el que se respire a familia, a compartir la mesa y a orar juntos.

Notas: _____

_____

Llegaré entonces al altar de Dios, del Dios de mi alegría y mi deleite, y allí, oh Dios, mi Dios, te alabaré al son del arpa.
Salmo 43:4

Semana de meditación
¿Tu casa es un altar de adoración?

Hace unos meses, tuve la oportunidad de entrevistar a la señora Gloriana Montero, esposa de uno de los cantantes más queridos en el campo de la música cristiana y que ahora es copastor de la iglesia de Marcos Witt. En la entrevista hablamos de muchas cosas: su vida como soltera y los hechos que dieron lugar a su boda. Para los que conocen la vida de Danilo Montero, este costarricense es un adorador por excelencia. Se preocupa mucho por enseñar a buscar la presencia de Dios. Así que me llamó mucho la atención preguntarle cómo era su hogar, pues ya llevan casi dos años de casados. A lo que me respondió: «Mira, la convivencia siempre tiene algunas situaciones, pues existen diferencias».

Como es natural, Gloriana no entró en detalles. Sin embargo, me dijo que un día decidieron convertir su hogar en un «Altar de Adoración», a fin de que lo que tuvieran que pasar no empañara lo que vivirían allí para honrar a Dios. «En nuestro hogar», me dijo, «se adora constantemente y se tiene toda la libertad para orar». Sin duda, este matrimonio hace todo lo posible por darle esa ofrenda a Dios.

Esta idea me pareció tan hermosa, que me propuse, junto con mi esposo y mis princesas, que nuestro hogar fuera también un Altar de Adoración, donde se incluyera la búsqueda de Dios, la lectura de la Palabra en familia, la oración constante los unos por los otros. Además, también nos propusimos inculcarles este estilo de vida a mis princesas.

¿Por qué no aceptas este reto y empiezas a hacer cambios con la ayuda de Dios?

Notas: _____

_____

Sobre todo, hermanos míos [...] que su «sí» sea «sí»,
y su «no», «no», para que no sean condenados.
Santiago 5:12

Que nuestro «sí» sea «SÍ»

Dios nos enseña que debemos ser hombres y mujeres de una sola palabra, que nuestro sí sea sí y nuestro no sea no. En lo personal, esto me costó mucho trabajo y muchas situaciones incómodas. En más de una ocasión me puse roja y tuve que aprender a decir «no».

El asunto no es que fuera una mujer que careciera de palabra, sino que me apenaba decir «no» cuando no debía comprometerme en realidad. En especial, siempre decía «sí» en todas las cosas de trabajo. Imagínate, ¿qué iban a pensar de mí? Entonces, después estaba cargada y estresada. Hasta que un día Dios me mostró que eso no era sano, que debía tener el carácter y aprender a decir «no» cuando fuera necesario.

Hoy te motivo a que aprendas que cuando digas «sí» a algo sea porque en verdad tienes la seguridad de que viste la luz verde de Papito Dios y que aceptas lo que es debido. Esto se ajusta al trabajo, la vida personal, las relaciones con los demás, la iglesia y hasta en la relación con Dios.

¿Cuántas veces le decimos al Señor: «Sí, Dios mío, esta vez sí voy a cambiar, o voy a empezar algo, y no lo hacemos? No tenemos palabra y eso desagrada a Dios, así que no es sano para nuestra vida. Cuando mantenemos la palabra, también damos testimonio de quiénes somos en Cristo.

Notas: _____

_____

El temor del SEÑOR es el principio del conocimiento;
los necios desprecian la sabiduría y la disciplina.
Proverbios 1:7

Que nuestro «no» sea «NO»

Este devocional es, en realidad, la segunda parte del que tuvimos ayer. En esa ocasión hablamos de ser personas de una sola palabra y de dar testimonio también con nuestras decisiones. Aprendimos que el tener palabra nos libra de muchos malos ratos y de muchas situaciones comprometedoras.

Con el «no» sucede lo mismo que con el «sí». Cuando se dice «no» a tiempo, te puedes librar de un gran pecado o de una mala decisión de verte expuesto a momentos de los que quizá te arrepientas toda la vida.

Claro, también con decir «no» se puede ser contraproducente en otras circunstancias de la vida. Por ejemplo, negar a Dios, negar que eres cristiano porque te avergüenzas ante la gente que no le conoces o por orgullo permanecer negados a cambios.

Hoy queremos pedirte, Dios mío, que nos muestres con claridad cuándo nuestra falta de palabra ha involucrado a otras personas y quizá no hemos dado el mejor testimonio.

Te pedimos que nos guíes y nos permitas ser hombres y mujeres con el carácter de tu Hijo Jesucristo y no vivir por lo que piensen los demás, sino por la convicción de agradarte y honrarte.

Notas: _____

_____

El principio de la sabiduría es el temor del SEÑOR; buen juicio demuestran quienes cumplen sus preceptos.
Salmo 111:10

¿Temor a Dios?

Ayer el versículo con que finalicé la enseñanza encierra esta frase: «El temor del Señor». Quise retomarlo porque cuando se empieza a conocer un poco más la Palabra, cuando comenzamos a asistir a una iglesia evangélica o cuando escuchamos a pastores o cristianos, es muy común escuchar acerca del temor al Señor o a Dios. A menudo, en esto se ve el miedo que sienten algunos a lo que pudiera hacerles Dios, como el temor que sintieron Adán y Eva después de desobedecerlo en el jardín del Edén al comer del árbol prohibido.

Sin embargo, el libro de Proverbios no se refiere al temor de que nos haga daño Dios, sino que se refiere a no querer ofenderlo sabiendo que Él tiene un corazón amoroso. En conclusión, esta palabra bajo este contexto de Proverbios significa reverencia y respeto. También dice otro versículo que «el comienzo de la sabiduría es el temor del SEÑOR» y que «conocer al Santo es tener discernimiento» (Proverbios 9:10).

Lo más importante es que cada día le pidamos a Dios sabiduría a fin de ser obedientes y agradarlo siempre. No hay nada más hermoso que poder vivir respetando y agradando a nuestro Padre, en lugar de hacer las cosas por miedo o cobardía.

Notas: _____

_____

Porque el SEÑOR da la sabiduría; conocimiento
y ciencia brotan de sus labios.
Proverbios 2:6

Oración por sabiduría de Dios

Padre, en estos días estaba escuchando una enseñanza del pastor Charles Stanley donde hablaba de lo poderoso que es orar e interceder por otras personas, y que cuando uno ora por las necesidades de los demás, tú respondes de una manera especial.

Yo lo he experimentado con la oración diaria en el programa de la radio.

Por eso quiero, mi Dios, interceder durante este devocional por las necesidades de tus hijos y que desde el cielo hagas tu santa voluntad.

Dios mío, te suplico que le des a cada uno de mis amigos y hermanos mucha sabiduría. Tú dices que a cada uno se nos ha dado una porción y que te la pidamos si necesitamos más.

Padre, necesitamos ser sabios para que las decisiones que tomemos sean adecuadas. Para que las palabras que digamos, y aun nuestros pensamientos, estén llenos de ti y de tu santa voluntad.

Sabemos que tendremos situaciones que enfrentar, pero no queremos seguir equivocándonos y arrastrando a nuestros seres queridos.

Todo esto te lo pedimos en el nombre de Jesús.

Amén y amén.

 Notas: _____

_____

Porque donde esté tu tesoro,
allí estará también tu corazón.
Mateo 6:21

Sencillez de la vida
(primera parte)

¡Cuántas veces en el camino de la vida nos encontramos personas que se creen, como decimos popularmente, «la última Coca-Cola del desierto»! Personas que valen por lo que tienen y por los títulos que las acompañan. Personas que incluso te miran por encima del hombro.

Sin embargo, ¡qué duro es volver a encontrar a esas mismas personas que por diferentes situaciones en la vida se encuentran devastadas y sin el consuelo de Dios! El ejemplo más cercano y popular es la situación hipotecaria que vivió este país y que cambió el panorama total de muchos. Algunos se quedaron sin nada, pues perdieron casas, autos, crédito, trabajos y familias. Hoy en día, no los hemos vuelto a ver.

Quizá se sientan avergonzados porque su vida se basaba en lo material. Es evidente que eran lo que tenían y su felicidad no se cimentaba en Dios, sino en el dinero. ¡Qué lección de vida tan dura! Esto nos enseña que en este mundo no debemos aferrarnos a nada material. Que las riquezas son espectaculares mientras nuestro corazón no esté en ellas. Que Dios nos da esas riquezas, pero para que en medio de ellas seamos humildes, sencillos y generosos. Por lo tanto, nunca debemos olvidar que Él es el que quita y pone. No nos apeguemos a lo material, pues cuando partamos de este mundo, nada podremos llevarnos. Entonces, lo que quede, se lo repartirán nuestros propios seres queridos. Vivamos con sencillez de corazón.

Notas: _____

_____

Tú das la victoria a los humildes,
pero humillas a los altaneros
Salmo 18:27

Sencillez de la vida
(segunda parte)

Es muy importante que la sencillez y la humildad las apliquemos a la vida de nuestros hijos. Esto es una función de nosotros como padres que debemos cultivar.

En mi caso, me ha dado resultados. Desde mi niñez, mi padre, el señor Carlos Pinzón, pionero de la radio y la televisión en Colombia, famoso y reconocido, nunca mostró ser una persona prepotente. Por el contrario, siempre se destacó por su sencillez y su humildad, y con un don de gente increíble. Incluso, después de retirado de los medios y con ochenta años de edad, la gente lo encuentra y lo reconoce. Es más, cuando se expresan de él, lo hacen de una manera muy amorosa. Ese ha sido un bello ejemplo a seguir para nosotros como hijos y como profesionales. Ahora, como adulta y profesional, lo he aplicado pidiéndole siempre a Dios que me mantenga humilde y asequible a las personas.

Durante años, también he aprendido algo en lo que pienso de vez en cuando: «TODOS SOMOS REEMPLAZABLES, NADIE ES IMPRESCINDIBLE».

Con ese pensamiento, día a día doy lo mejor de mí como si fuera el último y no lo hago para complacer a nadie, sino que lo hago para DIOS.

Notas: _____

_____

Aprendan de mí, pues yo soy apacible y humilde de corazón,
y encontrarán descanso para su alma.
Mateo 11:29

Sencillez de la vida
(tercera parte)

En el devocional anterior dije que la manera de ser mi padre, aun siendo famoso, siempre se caracterizó por la humildad y la sencillez. Eso lo aprendí de él y mi oración constante a Dios es que no permita jamás que los humos se me suban a la cabeza, sino que la gente siempre tenga un buen concepto de mí.

Nuestra vida debe ser un buen ejemplo para nuestros hijos. En muchos casos, actúan de acuerdo con el ejemplo que ven. Si desde pequeños les inculcas que no deben ser elitistas, ni clasistas, y que aunque tengan muchas comodidades deben ser sencillos y buenos con las personas que los rodean, así se comportarán.

En lo personal, nunca acostumbré a mis princesas que se vistieran solo con ropa de marca. Les enseñé que a veces mami tenía para darles esos gustos, pero que otras veces solo podía comprarles algo lindo y sencillo. También les enseñé que poco a poco podrían darse gustos cuando empezaran a trabajar y, ¿sabes?, es lo mejor que pude hacer. Cuando acostumbras a tus hijos a un estándar de vida muy alto y las cosas cambian por problemas financieros, por una calamidad o una enfermedad, se van a echar a morir.

Mi princesa Naty es el más dulce ejemplo. Hoy en día, trabaja y se da gustos. Se compró su auto *Mini Cooper*, pero también aprendió a vivir con sencillez.

Te animo a que no dañes a tus hijos. Cuando se puede, se les da. Si en tu caso siempre tienes una buena situación económica, enséñalos a ser humildes y sencillos. No hay nada peor que les llamen «creídos y petulantes».

Notas: _____

_____

_____

Dios se opone a los orgullosos,
pero da gracia a los humildes.
Santiago 4:6

Sencillez de la vida
(cuarta parte)

En esta semana estamos aprendiendo lo importante que es ser humildes y sencillos. En otras palabras, que nos deseen y admiren. Hemos sostenido estas enseñanzas con apartes del Manual de Instrucciones para llevar todo bajo lo que Dios quiere que seamos tú y yo.

De modo que no podría cerrar esta semana sin dejar de recordar algo que muchos conocemos y que para otros quizá hoy sea la primera vez que lo lean: «Todo el que a sí mismo se enaltece será humillado, y el que se humilla será enaltecido» (Lucas 14:11).

Si Dios lo dice, lo creo. Además, si alguien te puede decir cómo a base de golpes he madurado desde el punto de vista espiritual, esa soy yo.

Dios lo dice con claridad. Si eres humilde, Él te levantará y te pondrá en grandes posiciones, pero si te exaltas mucho (eres creído o engreído), te humillarán y avergonzarán. Así que este principio de vida es mejor tomarlo como una fuerte sugerencia de nuestro Dios.

Si queremos lograr muchas cosas, triunfar y salir adelante, de seguro que debemos pedirle a Dios que no ayude a ser humildes de corazón. Conocemos en el camino muchos que suben como palmas, pero bajan como cocos. Y esos golpes son muy duros. A veces, a las personas humilladas les resulta muy difícil sobreponerse. Por eso no hay nada mejor que vivir una vida bendecida con la sencillez.

Notas: _____

_____

_____

La actitud de ustedes debe ser como la de Cristo Jesús, quien,
siendo por naturaleza Dios, no consideró el ser igual
a Dios como algo a qué aferrarse.
Filipenses 2:5-6

Sencillez de la vida
(quinta parte)

El mejor ejemplo de sencillez y de humildad lo hemos conocido con el mismo Jesús que, siendo el Hijo del Rey, se despojó de sí mismo. La palabra «despojó» en griego es *kenoo*, que significa «vaciarse de su gloria», o sea, se colocó en una actitud de no exigir nada de lo que merecía por ser el Hijo de Dios. Al contrario, se convirtió en siervo de manera voluntaria, haciéndose semejante a los hombres, menos en el pecado. Por lo demás sufrió hambre, tristezas, pobreza, rechazo, calumnias, maltrato y hasta la muerte. Esto sí que es un ejemplo de humildad.

¿Qué haríamos nosotros de todo lo que Jesús hizo? ¡Creo que NADA! Sin embargo, lo lindo es que Jesús lo hizo por obediencia al Padre. Si queremos ser imitadores de Cristo, nos falta mucho por aprender.

Jesús fue humilde y esa debe ser nuestra meta.

Notas: _____

_____

_____

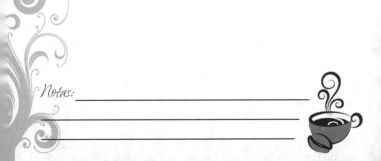

Pase lo que pase, compórtense de una manera digna del
evangelio de Cristo [...] firmes en un mismo propósito,
luchando unánimes por la fe del evangelio.
Filipenses 1:27

Sencillez de la vida
(sexta parte)

Al terminar esta semana me he sentido muy motivada a poner en práctica cada una de las enseñanzas que aprendimos aquí. Por eso sería bueno que seamos capaces de resaltar el mayor ejemplo de todos y sé que no lo vamos a olvidar nunca. Ese ejemplo fue JESÚS.

Si Él lo hizo siendo el que era, ¿por qué tú y yo no vamos a poder hacerlo? Comencemos con las cosas sencillas. Quizá mostrando humildad en el trato a nuestros semejantes en el trabajo y en la calle o siendo personas amables y rectas. En la iglesia podemos oler a Jesús, tal y como lo dice el cantante cristiano Michael Rodríguez en una de sus canciones. En la casa también podemos ser humildes. En fin, morir a toda soberbia, a todo mal genio, y que seamos aun sencillos en el hogar.

Pastores, profesionales, líderes, que los títulos no se les suban a la cabeza. Que aunque su iglesia sea la mayor y la más reconocida, logren seguir siendo los mismos siervos que Dios llamó y entregó lo que hoy disfrutan.

Empecemos por nosotros mismos, hagamos una radiografía de nuestro ser y pidámosle a Dios su ayuda.

Notas: _____

_____

No hagan nada por egoísmo o vanidad; más bien,
con humildad consideren a los demás
como superiores a ustedes mismos.
Filipenses 2:3

Oración por una vida sencilla

Señor, al cerrar hoy esta semana de trabajo de muchas luchas para unos y de celebraciones para otros, queremos agradecerte por dejarnos las instrucciones de vida en el Manual de Instrucciones, la Biblia.

Gracias porque allí podemos aprender las cosas que esperas de nosotros y nos permites ver los beneficios que tendremos cuando somos obedientes a tu Palabra.

Gracias, mi Señor, porque con tu ayuda pondremos en práctica el mayor ejemplo de humildad que nos dejó tu Hijo Jesucristo.

Quita de cada uno de nosotros toda prepotencia. Quita toda altivez. Quita todo orgullo que nos impide que veamos a nuestro hermano como a nosotros mismos.

Cambia los corazones de piedra por corazones de carne. Que seamos sensibles ante las necesidades de los demás. También, pon en cada uno tanto el querer como el hacer.

En el nombre de Jesús oramos, amén y amén.

Notas: _____

_____

El Espíritu del Señor omnipotente está sobre mí,
por cuanto me ha ungido para anunciar buenas nuevas [...]
y libertad a los prisioneros.
Isaías 61:1

La libertad está en Cristo

No te aflijas tú que estás en la cárcel. No te lastimes más con tu culpabilidad. No te atormentes pensando en lo que no fue.

Has recorrido un camino lleno de espinas y hoy te ves allí lleno de heridas. Te sientes solo en esa fría celda y, en muchos casos, ni siquiera puedes caminar con libertad dentro de la cárcel porque no solo arrastras tus culpas, sino el peso de unas cadenas.

Sin embargo, algo maravilloso te ha sucedido en medio de este tiempo de cautiverio... has conocido a Dios. Así que, mírate. ¡Ya no eres la misma persona! Vistes un uniforme, pero tienes nuevas vestiduras que te ha dado Dios. Ya tu tiempo lo aprovechas para buscar más de Él. Lees la Biblia y escuchas en la radio programas donde se habla del amor de Dios. Por lo tanto, aunque estás en la cárcel, eres más libre y feliz que muchos que estando libres tienen sus vidas atadas y están presos en los vicios.

Notas:_____

_____

_____

Yo soy el que por amor a mí mismo borra tus transgresiones
y no se acuerda más de tus pecados.
Isaías 43:25

Mis amigos

Dios me ha inquietado de una manera muy especial a tener un acercamiento con nuestros amigos que se encuentran en diferentes centros de corrección.

Con sus cartas, me dicen que se sienten muy agradecidos cuando nos acordamos de ellos, elevamos una oración a su favor o cuando dejamos cualquier cosa que sea importante y vamos a conocerles.

Quiero hacer un reconocimiento a mis nuevos amigos y sé que Dios nos hablará cuando les exprese las cosas que me han conmovido y me han enseñado a sentir misericordia, ternura y cariño por cada uno de ellos.

Víctor ha sido un regalo conocerlo después que me escribiera para informarme que fue cabecilla de las Maras Salvatruchas. En su carta de corazón abierto, me cuenta de todos los pactos que hizo con el enemigo y de qué manera engañan a los jóvenes para que caigan en el mundo cruel de las pandillas. También me explica lo que le llevó a estar en peligro de muerte hasta que cayó preso. Hoy en día, con solo veintiún años de edad y en prisión, se ha reconciliado con Dios y ha comenzado el cambio en su vida.

He tenido el privilegio de conocer a Víctor, de conversar con él, de orar juntos y poder escuchar cómo a gritos quisiera que todos los jóvenes que andan en malos pasos se alejen y no terminen en la cárcel como él.

Notas: _____

_____

Si el Hijo los libera, serán ustedes
verdaderamente libres.
Juan 8:36

Oración por libertad personal

Mi Dios, ¡qué engañado y frustrado he vivido en todos estos años, siempre esperando de alguien para ser feliz! Por mucho tiempo pensé que vivir para mi trabajo me mantendría ocupado y feliz. Sentía que si no tenía a alguien a mi lado, no podría alcanzar mis sueños. Incluso, por mucho tiempo creí que las drogas, el alcohol y la pornografía me llenaban.

Perdón, mi Señor, porque me uní a malas compañías y me di cuenta que no les importaba mi felicidad.

Hoy quiero declarar que he encontrado mi libertad en ti. Me niego a seguir cargando toda culpabilidad y decido dejar mi vida en tus manos.

Señor, rompe todo lo que me ate a mi pasado y hazme libre en el nombre de Jesús.

Hoy decreto que tú eres todo para mí y me declaro libre.

Amén y amén.

Notas: _____
_____

Muchas son las angustias del justo,
pero el SEÑOR lo librará de todas ellas.
Salmo 34:19

¿No sabes qué hacer?

No te puedes desesperar. Es posible que te preguntes: «¿Qué debo hacer?». Si es así, de seguro que estás en un momento de inquietud, de preocupación, y no sabes cómo enfrentarlo. En momentos así es cuando tu mirada va al cielo, las lágrimas corren por tus mejillas y te acuerdas de Dios. En otros casos, no tienes en realidad cabeza para Él.

Sin embargo, ¿qué debemos hacer cuando sentimos que la vida nos está oprimiendo? ¿Qué debemos hacer cuando las finanzas no marchan bien como antes o el matrimonio va de mal en peor?

La respuesta a todas estas preguntas es la misma: «Aférrate a Dios». No es tiempo de huir de la situación. Es tiempo de enfrentarla y no debes hacerlo solo, porque Dios, que es nuestra máxima autoridad, dejó establecido lo siguiente: «No te abandonaré».

¿Entiendes esto tan profundo y a la vez sencillo? Dios no te va abandonar ni a dejar. Estará a tu lado aun si las situaciones parecen interminables. Confía en el Señor y dile cómo te sientes. Te garantizo que Él te ayudará y te dará nuevas fuerzas como al águila.

Notas: _____

_____

*Si desde allí buscas al SEÑOR tu Dios con todo tu corazón
y con toda tu alma, lo encontrarás.*
Deuteronomio 4:29

Te sigue la pista

Ayer te explicaba que el mejor remedio para los problemas es DIOS. Te lo digo con conocimiento de causa y no porque sea una persona religiosa. Tengo mucha experiencia de haber visto a Dios intervenir en mi vida en momentos que uno dice: «Bueno, ¿y ahora qué?».

Dios, que conoce toda tu necesidad, a veces te permite pasar por estas aflicciones, que en algunos casos son pequeñas y grandes en otros, a fin de que enfoquemos nuestra mirada en Él.

Dios desea que dependamos por completo de Él, no a medias o cuando nos convenga, pues quiere ser real en nuestra vida. Por eso cada vez que estés en esos torbellinos, no pongas tu mirada en el problema. Aprende que es hora de serle más fiel a Dios que nunca. No permitas que te vendan la idea de que tú solo puedes salir adelante, porque no es cierto. Es posible que lo logres por un tiempo, pero tarde o temprano tendrás que reconocer que sin Dios la vida es realmente un caos.

Dios te sigue la pista y quiere probar tu corazón. Así que es tiempo de creerle y saber que Él te sacará de esta situación y de todas las que pudieran venir.

Notas:

Con amor eterno te he amado; por tanto,
te prolongué mi misericordia.
Jeremías 31:3, RV-60

Déjate sorprender

Si Dios es el Creador del mundo, si es el que nos creó, nos separó y escogió como sus hijos, nos dejó un libro lleno de promesas que hablan cosas maravillosas y positivas, no nos dejemos vender otras falsas ideas.

Cuanto más dudas de su poder, más difíciles se pueden volver tus situaciones.

Recuerda que esto de no temerles a las circunstancias no es de un día para otro. Se trata de un fruto que es producto de estar conectados con Dios. Entonces, poco a poco, aprendemos a confiar en Él, de manera que cuando lleguen los problemas, no tendremos miedo ni terror. Por el contrario, sabremos que aunque la situación es fuerte, Dios es más poderoso que cualquier mala noticia o problema.

Dios es tu ayudador y te ama.

Notas: _____

_____

La paz les dejo; mi paz les doy.
Yo no se la doy a ustedes como la da el mundo.
No se angustien ni se acobarden.
Juan 14:27

Oración por paz en el corazón

Acuérdate, Señor, de tu ternura y gran amor que siempre me has demostrado.

Ayúdame, Señor, a relacionarme cada día más contigo y así poder confiar plenamente en ti.

Perdóname por los momentos en que he hecho todo en mis propias fuerzas, poniendo la confianza en mi propia sabiduría.

Deseo, Señor, ser una persona madura en ti y me comprometo a conocerte mejor, a pasar más tiempo a tu lado y así poder experimentar la bendición de tenerte como el Padre que cuida de mi familia y de mí.

Gracias, mi Señor, y te entrego el resto de este día en tus manos. En el nombre de Jesús, amén y amén.

Notas: _____
_____

Gracias a Dios que en Cristo siempre nos lleva triunfantes y,
por medio de nosotros, esparce por todas partes
la fragancia de su conocimiento.
2 Corintios 2:14

Secretos para triunfar

Creo que este es un pensamiento que alguna vez todos hemos tenido: ser alguien, triunfar y que nos vaya bien. Y eso es lo que quiere Dios. Es más, Él quiere que prosperemos.

Sin embargo, ¿cuáles serían algunos secretos para triunfar? Quizá lo que te diga hoy sea lo que hay en mi corazón también. Sin embargo, en ocasiones y por diferentes razones, no lo ponemos en práctica. Quizá se deba a que no creemos en nosotros mismos o que les damos prioridad a otras cosas o personas. En mi caso, a veces pienso más en el beneficio de los demás que en hacer cosas para mis hijas, dejando mis sueños para el final.

Por ejemplo, yo quería hacer este libro, pero a la verdad no sabía por dónde empezar. Incluso, a menudo pensaba que no iba a ser capaz de escribir un libro. ¿A qué hora podría hacerlo? Aunque ya varias personas me habían sugerido que lo hiciera, siempre lo postergaba. Lo lindo de todo esto es que Dios ya tiene determinado lo que seremos y haremos, y nos da la pauta para seguirla. Así que seamos obedientes y emprendamos las cosas que Dios ponga en nuestros corazones de modo que logremos el verdadero triunfo.

Notas: _____

_____

_____

Todo lo que te viniere a la mano para hacer,
hazlo según tus fuerzas.
Eclesiastés 9:10, RV-60

Seamos instrumentos

Me tomé la tarea de investigar lo que es un instrumento musical y llegué a esta conclusión: Un *instrumento musical* es un conjunto de piezas que se disponen en un todo de manera que un intérprete logre producir sonidos musicales. Si lo analizamos, es posible que de cualquier objeto se pueda obtener sonidos. Sin embargo, para que sea musical, el sonido que produce debe combinar la melodía, el ritmo y la armonía.

Dejando este análisis a un lado, quiero hacer un paralelo a lo que nosotros podemos ser en las manos de Dios. La Palabra nos enseña que a todos se nos han dado dones y talentos. Muchas veces ni sabemos que los tenemos. Así que un día alguien nos los descubre o nosotros mismos nos damos cuenta que ciertas cosas que hacemos nos salen bien y le gustan a la gente.

Si un instrumento musical es un conjunto de piezas que se combinan para producir sonidos melódicos, rítmicos y armónicos, tú y yo tenemos esa combinación perfecta para poner en acción el don que puso Dios en nosotros.

Además, si a diferencia de que en principio cualquier cosa que produzca sonido puede ser un instrumento, te recuerdo que tú no eres cualquier cosa, sino que eres un hijo de Dios creado a su imagen y semejanza.

Valórate y pídele al Señor que te revele cuál es ese talento y empieza a desarrollarlo ya.

Notas: _____

_____

_____

En lo que requiere diligencia, no perezosos;
fervientes en espíritu, sirviendo al Señor.
Romanos 12:11, RV-60

Todos podemos ser instrumentos

Para ser un buen instrumento, solo debemos tener el deseo de ser útiles en las manos de Dios y estar siempre con un corazón dispuesto al servicio. Si lo analizamos, vemos que podemos ser instrumentos de diversas maneras: Como voluntarios en alguna organización o en la iglesia, donde quizá lo podamos desempeñar en uno de los departamentos de servicio al necesitado.

Ahora bien, si tu llamado es más específico como el de ser líder o pastor, sabemos que Dios capacita al que llama y de inmediato te darás cuenta de eso. También en tu trabajo puedes servir siendo un instrumento del amor de Dios y reflejando a Jesucristo.

Por último, tal vez tu don sea como músico, cantante o compositor que, con sus talentos, nos ministran en la vida y son una bendición. En general, la gran misión de cada uno de nosotros es amar al prójimo, pues así somos instrumentos útiles al servicio del Señor.

 Notas: _____

_____

Hagan lo que hagan, trabajen de buena gana,
como para el Señor y no como para nadie en este mundo.
Colosenses 3:23

Oración por servicio a los demás

Amante Dios, hoy queremos comenzar este nuevo día entregando nuestra vida en tus manos con el único deseo de ser útiles para ti.

Si me falta amor por los demás, te pido, Dios mío, que me des esa porción para poder servir al necesitado y verlos con ojos de amor como lo ves tú.

Quiero ser obediente a tu Palabra y ser de bendición para otros.

Purifica mi corazón y úsame, Señor.

Ayúdame a no pensar solo en mis necesidades, sino en las de los demás.

Quita de mí todo pensamiento contrario a tu voluntad y hazme sensible a la necesidad de las personas que me rodean.

Amén y amén.

Notas: _____

_____